中国古瓷鉴定笔记

白釉篇

BAIYOUPIAN

姚江波／著

江西美术出版社
全国百佳出版单位

广西高校人文社会科学重点研究基地——西江流域民间文献研究中心资助项目

图书在版编目（CIP）数据

中国古瓷鉴定笔记·白釉篇 / 姚江波著. 一南昌：江西美术出版社，2019.1
ISBN 978-7-5480-6279-0

Ⅰ. ①中… Ⅱ. ①姚… Ⅲ. ①瓷器(考古)—鉴定—中国 Ⅳ. ①K876.34

中国版本图书馆CIP数据核字(2018)第182950号

出 品 人：周建森
责任编辑：王洪波　窦明月　滕斯钰
责任印制：谭　勋
装帧设计：梅家强　胡文欣　先鋒設計

书　　名：中国古瓷鉴定笔记·白釉篇
著　　者：姚江波
出　　版：江西美术出版社
社　　址：南昌市子安路66号　邮编：330025
电　　话：0791-86565819
网　　址：www.jxfinearts.com
经　　销：新华书店
印　　刷：浙江海虹彩色印务有限公司
版　　次：2019年1月第1版
印　　次：2019年1月第1次印刷
开　　本：787 × 1092　1/16
印　　张：15.25
书　　号：ISBN 978-7-5480-6279-0
定　　价：78.00元

目录

Contents

本书使用方法

本书以直述鉴定要点为主，文字简练，兼顾学术性、常识性、趣味性，过于专业、不可操作、与收藏者无关的内容已回避，读熟之后，可与您收藏的彩釉瓷器进行对比：如，对应珍珠地在色彩上的异同，以及划花的装饰手法，看您的宝贝是否属于精致瓷器的范畴；观察纹饰的题材，以准确判定时代。对比彩釉瓷器的造型，着重看各个章节中有关彩釉器皿在造型上的实例，其造型多被限定在一定的范围之内，如瓶和枕等多见，之后再从细部入手，如对口部、唇部、沿部、腹部、底部、足部等特征，进行详细的解析，以从造型上达到鉴赏的目的。像这样的例子在本书中枚不胜举，纹饰、釉色、尺寸、化妆土、完残、窑口、原料、淘洗、粗细程度、杂质、夹砂胎等鉴定要点，交相辉映，互为依托，最终实现了诸多鉴定要点相互验证的目的。

另外本书具有以下三个特点：

一、本书的编写原则是：具体而细微地指导收藏爱好者由一件瓷器的细部 (釉色、流釉、均匀、稀稠等) 去鉴别古瓷器之真假、评估古瓷器之价值，力求做到使藏友读后由外行变成内行。

强调：实战性　指导性　工具性　学术性

体现：实用价值

二、本书从文物鉴定的角度出发，以科学考古发掘所出土的器物为依据，力求每一句话都以出土器物为佐证，将文物置于时代和社会历史大背景下来考虑，以确保本书的科学性、严谨性和可读性。

三、本书的写法分三步走：

①断定时代

②辨别真伪

③评判价值

这是收藏的三要素，缺一不可，整本书以此为线索，贯穿于每个章节，如，将价值划分为研究价值、艺术价值、经济价值，并详细介绍这三种价值之间的辨证关系，使读者真正领悟收藏，从收藏中受益。

本书的主要目的，是要通过瓷器釉质主要特征看到瓷器的全貌，从而使收藏者真正得到帮助。功能十分具体，收藏者在逛市场和到拍卖行时可以拿此书对比，这是新手和资深鉴赏家都很需要购买的书。(书中多数珍品为首次发表)

前言

QIANYAN

白瓷是中国人的伟大发明，经过六朝时期的酝酿,终于在隋代烧制成功，在漫长的白瓷烧制史中，雪白釉、乳浊白釉、猪油白釉、鸡骨白釉、灰白釉、纯白釉、象牙白釉等，星光灿烂。邢窑的“类雪似玉”，达到了白瓷在釉色烧造上的尽头；定窑的“象牙白”，至今依然令我们回味无穷；邢窑与定窑共同将中国白瓷的烧造技术推向了顶峰。白瓷影响极为深远，在唐代高度发达的物质文明的推动下，唐代白瓷低价、高质量的产品“通销全国”，很快发展成为能与传统青瓷媲美——“南青北白”的瓷业格局。定窑是宋代官、哥、汝、定、钧“五大名窑”之一，并形成了巨大的窑系，被各个窑场所仿造，其发展历经了漫长的岁月长河，直到明清时期，由于青花瓷的兴起，逐渐将白瓷排挤出主流瓷器市场。白瓷在发展中窑口林立、品类繁多，再加之自明清以来金石学的影响，仿制和作伪的白瓷甚多，使得这些曾经历经风雨才呈现在我们面前的白瓷，真假难辨，时代难以归属。唯有从器物本身出发，来分析古瓷器的造型、胎体、纹饰、釉色、尺寸、口唇、沿腹、底足等诸多特征，我们才能较为清晰地认识古瓷器，准确地揭示古瓷器所承载的历史信息以及评判其艺术和经济价值。鉴于此，本书将主要精力放在了引导读者上，力求使读者全面掌握白瓷鉴赏所必需的鉴定要点，以及辨伪的知识，使读者在收藏中国古代白瓷的道路上少走一些弯路，少受一些挫折。

为了达到这个目的，本书力求将浩瀚的白瓷史以浓缩的形式呈献给读者，通过一件件实物珍品拨云见日，揭开蕴藏在白瓷之上的历史信息，以及大大小小的谜团。在白瓷的不同发展阶段内，总结了中华人民共和国成立以来，特别是近年来科学发掘出土瓷器的资料，以及实地考察众多博物馆库房内的实物资料，将不同时代白瓷的鉴定依据以精练语言罗列出来，如胎质、釉质、纹饰、开片、尺寸、流釉、化妆土、完残、窑口等，以及原料、淘洗、胎色、粗细程度、杂质、夹砂胎、胎体厚薄、釉质均匀、胎釉结合、瓷化程度、露胎情况等等,这些大大小小的鉴定依据环环相扣，互为依托，使纷繁复杂的白瓷鉴定要点变得十分具体，充分体现了客观性、系统性、连贯性、对比性的编排，使读者一目了然。

上篇

白瓷

第一章 综述

时代

白瓷时代特征较为明显，自隋代产生后，经过很短一段时间的酝酿，入唐后迅猛发展，渐至鼎盛，产生了著名的邢窑白瓷——“类雪似玉”（图 1-1），并以极低的价格“通销全国”，白瓷的普及达到了前所未有高度，形成了“南青北白”的瓷业格局。五代时期的邢窑由于唐代衰落，已经失去物质文化支撑变得不堪重负，但在惯性力量之下，五代白瓷依然延续传统，基本上与唐代相似，直至北宋时期，一个新的窑场定窑在继承邢窑的基础上逐渐兴起，定窑对邢窑白瓷进行了改革，胎体变得轻薄,釉质进一步稀薄(图 1-2），这样的目的显然是为了烧造出更加廉价的产品，符合宋代封建社会走下坡路衰落的经济状况，但定窑神奇般地在烧造技术上进行了诸多革新，烧造出了几乎与唐代邢窑相媲美的白瓷产品，而且有效地降低了成本，使得白瓷再一次创造了辉煌。元代白瓷开始衰落，其窑风依然延续定窑低成本的路线，在烧造质量上呈现出明显下

▲图 1-1 “类雪似玉”邢窑白瓷盒 唐代

▲图 1-2 “胎釉匀薄”定窑白瓷碟 宋代

降的趋势（图 1-3），这种质量上的下降是普遍的，然而这种烧造质量的下降显然并不是由于技术的失传，主要是观念上的问题，已经完全抛弃了唐宋时期将白瓷当成艺术品烧造的概念，而是坠入了红尘，只要能够使用就可以，开工艺粗糙化之先河。明清时期中国白瓷的烧造依然延续了元代，再加之青花瓷的冲击，基本上将白瓷排挤在主流市场之外，多数为人们生活的附属用具，或者是为很穷的人使用，在一些乡村窑场发现的明清时期的白瓷标本（图 1-4），非常的粗制，由此可见，至明清时期白瓷已经十分黯淡。但白瓷的生命力并未完结，直至今日白瓷依然还有烧造，窑火不熄。

▲图 1-3　白瓷瓜棱罐　元代

▲图 1-4　白瓷碗　明代

文化内涵

虽然白瓷为人们生活当中的日常生活用具，但在漫长的岁月长河中，白瓷形成了特质鲜明的文化内涵，当然这种文化内涵本质内容的体现主要在其鼎盛时期，而且多限定在精致瓷器之上，如著名的邢窑精致白瓷就较为典型，其表现形式不仅造型隽永、雕刻凝炼、釉质润泽、手感光滑、如脂如玉，釉色洁白、纯正，釉层均匀，从外表上看，可谓是精美绝伦，但这并不是其真正的精神内涵（图 1-5），相信像华丽的外表，衰落期的明清白瓷也有，而当我们今天看到残缺的邢窑白瓷的胎体横界面时，不禁为之感叹！这才真正理解了大唐盛世之中邢窑白瓷的精神内涵，我们看到邢窑白瓷“胎体和外表一样的美”，具有选料精、淘洗精炼、细腻、洁白、均匀等特点，精致者胎体与釉同色，这可能是人世间最美的艺术品了，想必是在一种强大精神力量的支撑下完成的，这种精神就是追求“真、善、美”，试想邢窑完全可以将不暴露在外的白瓷胎质做得不是那么好，只修饰外表，这完全不会影响到其销售，但邢窑在其文化内涵的影响下没有选择这样做，而是耗费了巨大的工本，使邢窑白瓷变得“内外一致”，这应该是唐代对“诚信”二字最完美的阐释（图 1-6）。

▲图 1-5　邢窑白瓷碗　唐代

▲图 1-6　精致的邢窑白瓷碗　唐代

出土数量

白瓷是人们日常生活当中的用具，数量十分丰富，墓葬、窑址、城址、窖藏内都有出土，从件数特征上看，墓葬出土以 1 到 2 件为主，偶有见数量多者；窑址出土数量最为丰富，虽然专一烧造白瓷的窑场比较少见，但主烧白瓷的窑场很常见，故窑址一般都能出土成千上万件的瓷器；城址内出土数量最为丰富，小的城市遗址和窑址相当，大的城址出土数量以数十万件计，通常情况下州府城址在出土规模上都比较大；窖藏出土数量通常有限，多为数十件，再多的情况很少见，由此可见，白瓷在总量上规模庞大，为人们在生活中最常用的瓷器之一。从完整器上看，虽然白瓷在总量上很大，但完整器少（图 1-7），大多都是一些碎片，这是白瓷在完残上的重要特点，白瓷的完整器主要来源于墓葬和窖藏，但窖藏很少，实际上只是一个概念，如果真用数字来比较，窖藏出土白瓷数量几乎可以忽略不计。窑址也有一些，但数量很少，城址最少，有时在数万件瓷器中不见一件完整器也是很正常的事情，因此对于白瓷收藏而言，只要是完整器必然具有很高的收藏价值。从精致程度上看，过少的完整器给人们带来的是错觉，就是将完整器等同于精致瓷器，其实不是这样的，无论完整还是残缺，甚至是碎片，是否为精品都是显而易见的，只是品相有区分，这样完整的精致白瓷器皿就被推向了前台（图 1-8），特别是我们当代社会，“盛世收藏”，相信随着收藏人群的增加，白瓷必将具有强劲的保值和升值潜力。

▲图 1-7　精致白瓷碗　宋代

▲图 1-8　精致的白釉瓷罐　唐代

器形

白瓷在器物造型上异常繁多，灿若星辰，这与白瓷为人们日常生活当中用具本质特征是分不开的，常见器形主要有碗、盘、杯、碟、盒、盆、钵、盏、瓶、壶、罐、唾盂（图 1-9）、执壶等，当然这只是随意举例而已，并不是白瓷器物造型的全部，由此可见白瓷在人们生活当中的重要作用。白瓷器形没有过于复杂者，以实用为主，大的起伏基本不见，在造型的变化上主要工于细节，如，白瓷碗在口部、沿部、腹部、底部、足部等的变化都十分丰富，仅圈足就可达数十种之多，从大小上分可以分为大圈足、普通圈足、小圈足，从造型细节上可以分为玉璧足、玉环足、矮圈足、假圈足等诸多造型特征，但这些特征都是微观上的，不足以改变整个碗的造型，也不会影响到白瓷碗进食器皿的功能，只是起到美观和画龙点睛的作用。从时代上看也是这样，白瓷器皿在造型上微观区别较大，如，玉璧底白瓷碗唐五代时期较为流行，之后的宋元明清等各个朝代很少见到，不同时代在口唇沿、底足等造型特征上是既有重复又有区别，时代特征较为明显。而这些特征就如同一条条丝线将众多的鉴定依据串联在一起，由量变达到质变，最终成为判断白瓷造型时代、真伪、价值的依据。

▲图 1-9　白釉瓷唾盂　唐代

精致程度

白瓷的精致程度特征比较明确，一是时代特征，二是窑口属性。从时代特征上看，白瓷的精品力作主要产生在其鼎盛时期，也就是唐宋时期（图 1-10），由此可见，白瓷的鼎盛期基本上与中国古代瓷器的鼎盛期具有一致性特征。在唐宋时期产生了无与伦比、造型各异的白瓷器，烧造成功了“雪白”“纯白”“象牙白” 等诸多不同色彩白釉产品（图 1-11），其成就令人惊叹，这些在当时都堪称名贵的色彩，几乎件件都是精品，从选料、淘洗、上化妆土、施釉、造型的规整程度、做工、温度等诸多方面可谓是精益求精，不留下丝毫遗憾，大有“虽

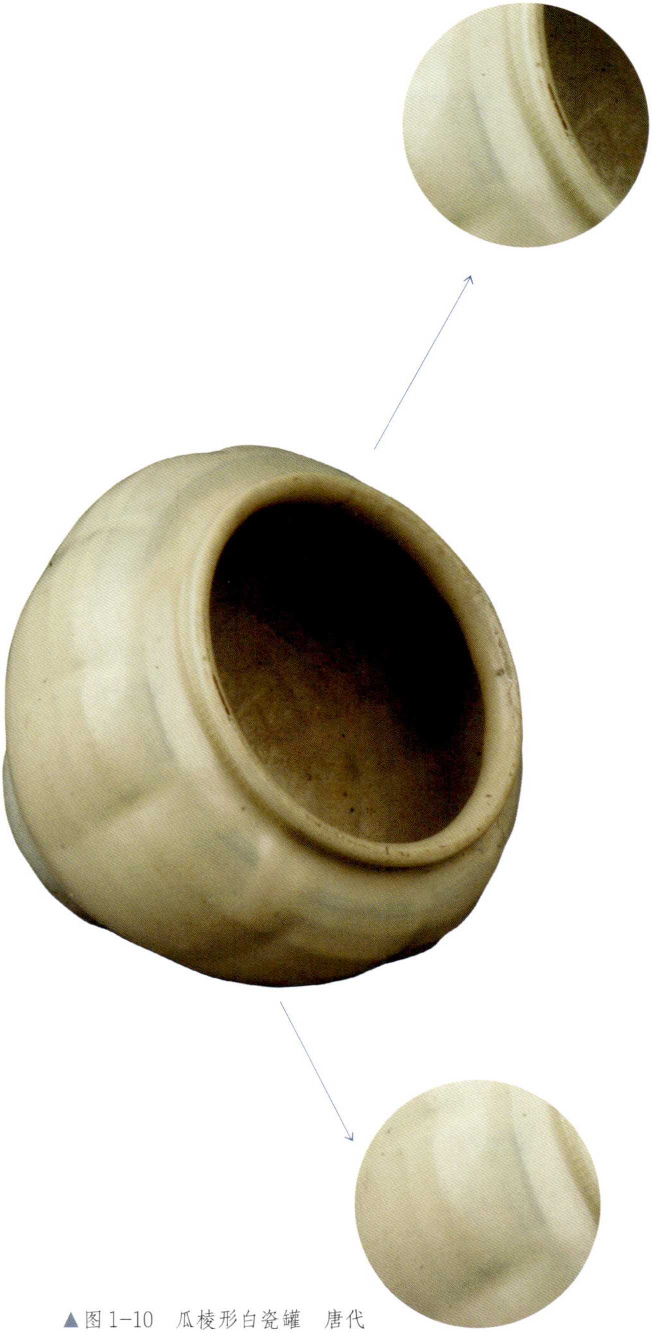

▲图 1-10　瓜棱形白瓷罐　唐代

▲图 1-11 “象牙白” 定窑瓷碗 宋代

不是官窑但胜似官窑”的特点。而在白瓷烧造的初期隋代，以及元明清等时代里，不能说白瓷没有精品，但从整体上看其精致程度不是很好，精品瓷器几乎不见。从窑口上来看，白瓷在精致程度上尤为明晰，以著名的唐代邢窑和宋代定窑为显著特征，唐代邢窑烧造出了“白如雪”、“类雪似玉”的产品，许多产品在历史上再无超越者，不过邢窑白瓷在精致程度上也是分为精致、普通、粗糙三级，但邢窑白瓷的起点很高，即使有些粗糙的邢窑产品，从我们今天的审美标准来看依然十分精致，可见邢窑白瓷在精致程度上达到了相当高的艺术境界。综观整个白瓷史邢窑所代表的白瓷精神内涵其实是所有时代白瓷所追求的最高理想。后来的定窑白瓷也是这样，其他时代的窑口都是这样，但纵向比较而言都不及邢窑白瓷的坚持，故其他窑口我们就不再过多赘述。读者在鉴赏时应注意体会，这种精神内涵与精品白瓷之间的关联。

光泽

光泽是白瓷鉴赏的重要内容，不同时代的白瓷在光泽程度上不同，如，唐宋白瓷和明清白瓷在光泽上区别就较大，特别是同仿造的白瓷区别最大。中国古代白瓷在光泽上追求的主要是润泽，近而是淡雅柔和的光泽，最大限度地显现非金属光泽之美，另外，不同的釉色反射出不同的光泽，如雪白釉所反射出的光泽比较强，虽然历经千年的风雨浮沉，但看起来依然是光亮如新，闪烁着耀眼的光芒（图 1-12），而灰白釉则是显现出黯淡，但无论是哪一种色彩在光泽上都不会达到刺眼的程度，在光泽上所表现出的为淡雅柔和，但这些是伪器所不具备的，伪器如果不做旧，给人的光泽感就是“贼光”，就是反射非常强烈，没有经历岁月所留下的光泽痕迹。通常情况下古代白瓷还能给人留下油脂感，特别是釉质比较好的白瓷，典型的如猪油白釉，油脂感觉就特别强烈。当然这些感觉有时特别的强烈和异常的复杂，因为即使同一种瓷器在不同环境当中，所反射出的光泽也是不同的，所以需要给读者一些方法，并加以引导，这些问题留待我们在下面的章节中具体详解。

▲图 1-12　光泽较亮的雪白釉精致瓷碗　唐代

收藏

盛世收藏，对于白瓷的收藏今天无疑是一个好的良机，白瓷历经千年不衰，直至今日依然受到人们的追捧，特别是唐宋白瓷更为人们所称道，在拍卖市场上屡屡创造高价，这不但反映出中国经济向好的趋势，更反映了人们对于白瓷的青睐，由于古代白瓷的不可再生性所决定（图 1-13），中国古代白瓷无疑具有保值的功能和巨大的潜力，这对于任何一个热爱生活和喜爱艺术的人都是诱惑，在这种时代背景之下收藏白瓷的人在今天可谓是不计其数。但任何事物利弊都具有两面性，殊不知在暴利的驱使下白瓷在我们这个伪品充斥着的市场，历代都有白瓷的作伪器皿，但从 80 年代到今天我们这个时代生产的伪器可能是历代伪器的总和。讲这样一个客观的事实并不是要大家去畏惧，不再收藏，而是要引起我们的注意，慎重对待您所购买的每一件藏品，以免买到赝品。关于收藏有几个原则是我们一定要把握的：

▲图 1-13　“雪白釉”瓷碗　唐代

1、精品战略。白瓷在历史上是人们日常生活当中的用品，数量很多，并不是所有的白瓷都具有高的研究、艺术或者是经济价值，一定要树立精品的概念，去收藏精品，如唐代邢窑精致白瓷、宋代定窑精致白瓷等。另外，精品白瓷在工艺上难以仿烧，如唐代“白如雪”釉色的白瓷几乎达到了白瓷烧造的最高境界（图1-14），如果仿的不好就很容易被我们看出来，所以越是精致白瓷仿烧的越少。

▲图 1-14　雪白釉瓷盖罐　唐代

▲图 1-15　精致白瓷罐　唐代

2、“物以稀为贵”的原则。白瓷虽然是人们日常生活当中的实用器皿，当时和遗留下来的器皿都比较丰富，但由于岁月久远，当它们经历了风雨浮沉今日呈现在我们面前的时候，多数白瓷已经是残破不堪，大多数仅仅只剩下了残片，特别是窑口和城址内出土的白瓷基本上无完好器皿,这样就使得品相好、完整的器皿变得尤其稀少，因此收藏白瓷要以完整器皿为主（图 1-15）。残缺的白瓷虽然也有收藏价值，但由于太多，不符合“物以稀为贵”的原则，保值的功能可能还有，升值空间可能有限。

关于收藏是一个令人愉悦和心情沉重并存的话题，也非常的繁复，以上两点仅起到画龙点睛的作用，在本书中将详解白瓷收藏的注意事项，为读者打开白瓷收藏中的诸多疑惑。

第二章 缺陷

第一节 隋唐五代白瓷

粘连

从概念上看，粘连显然是白瓷烧造过程当中的一种窑内缺陷，也就是我们常说的窑粘（图 2-1）。隋唐五代白瓷多为叠烧，内底多有支钉痕迹，而这种支钉痕迹显然是在窑内由于粘连形成，不过支钉粘连的程度十分微弱，造成的影响也很小，往往是有形状的支钉痕迹掩盖了窑粘的存在。粘连的情况很多，如一些白瓷在底足部分有粘连的情况，不过针对隋唐五代白瓷而言，由于制作比较精制，所以有窑内粘连的情况控制得比较好。从严重窑粘来看，两件器物粘连在一起的情况偶有见，可以看到两件器物紧密地粘连在一起，已不可分离，不过如此严重的窑内缺陷在隋唐五代白瓷中十分少见，而且这样的白瓷显然无法再进行销售，所以通常情况下多是在窑址上可以看到，墓葬和遗址出土的情况少见。从造型上看以碗、盘、杯等器皿为多见。从窑口上看，没有过于明显的规律性特征，因为窑粘是窑内偶发的一种现象，所以各个窑口，如邢窑、巩县窑、密县窑等都有可能出现窑粘的情况，包括严重窑粘的情况。从窑粘的程度上看，隋唐五代白瓷窑内粘连从总体上是可控的，隋唐五代白瓷从宏观上控制了窑内粘连的发生，使人们的视觉基本上觉察不到这种在瓷器之上由来已久的缺陷，但从微观上看，隋唐五代白瓷窑内缺陷粘连的情况每时每刻都在发生，不过这些轻微粘连对于隋唐五代白瓷来讲影响微乎其微，我们的视觉也很难观测到。因此我们在鉴定时知道这一点就可以了，不必深究。

▲图 2-1　窑粘严重的白瓷标本　五代

破碎

破碎的隋唐五代白瓷常见，破碎的概念十分清晰，就是整个器物造型不仅残破，而且已经成为碎片的程度（图 2-2），这样的完残特征，在隋唐五代白瓷中的确经常可以看到，从数量上看，破碎的隋唐五代白瓷占据主流地位，墓葬和遗址中都大量有见，主要以遗址最为常见，城址和窑址之上总会出现数以万计的隋唐五代时期已经破碎了的白瓷。不过从可复原的情况来看，墓葬和遗址内出土的白瓷在破碎的程度上可能相同，但通常情况下墓葬内即使再破碎的白瓷，只要是未被盗墓者光顾

▲图 2-2　破碎白瓷盒盖　唐代

的地方，这些白瓷都可以被复原，但城址和窑址上的白瓷则往往不能复原，因为地层扰动严重，白瓷身体的各个部位一般不在同一位置，或许根本就是不存在了。从时代上看，隋唐五代各个历史时期在破碎白瓷的数量上区别较大，隋代总量最小，唐五代时期比较大。从地域上看，主要以北方地区为多见，而南方地区由于窑场少见等因素，即使破碎隋唐五代白瓷也是比较少见。从精致程度上看，破碎的隋唐五代白瓷在精致程度上没有过于复杂的特征，精致、普通、粗糙的白瓷都有见，从数量上看普通和粗糙的白瓷数量最多，精致白瓷的数量最少，就像邢窑“盈”字款的精致白瓷，即使碎片也很难找到。但从比例上看，破碎的隋唐五代白瓷在数量上基本相当，之所以精致白瓷在总量上少的原因，那是因为其总量本身就小。破碎是隋唐五代白瓷上最普遍的特征之一，我们在鉴赏之前对其要有一个大致的了解。

破洞

有破洞的隋唐五代白瓷基本不见，几乎可以忽略不计。这是由隋唐五代白瓷自身固有的特征所决定的，胎体致密、坚硬、瓷化程度高、已完全烧结是其基本的特征，再加之白瓷胎体较厚，因此隋唐五代白瓷在胎体上具有非常大的脆性，不会像陶器那样经常产生破洞，但如果一旦受到外力的作用，很有可能顷刻间就会破碎，而不会像陶器那样只在局部形成破洞，所以隋唐五代白瓷如果是有破洞，一定要查清楚原因，以防是伪器皿。当然有些隋唐五代白瓷由于装饰或者其他特殊需要，在坯胎上穿孔，这样的孔规则，而且很容易判断，釉质完好，多为白瓷造型的一部分，我们在赏玩时要能将破洞区分开来。

裂纹

裂纹的概念顾名思义就是白瓷上有裂纹（图 2-3），而且比较明显，能够被人们的视觉所识别。当然裂纹在严重程度上有轻微和严重之分，如开片一样的细纹，我们通常称之为轻微裂纹，但有一些裂纹的程度比较深，纹线粗而长，在胎体上由内向外而来，不过再严重的裂纹也不会透过胎体，因为与胎体穿透，那么很显然这就不是裂纹，而变成了裂缝，这一点我们在鉴定时要注意区别。从数量上看，隋唐五代白瓷有裂纹的情况比较常见，墓葬和遗址内经常出土这样的白瓷，数量从 1 件到数十上百件不等，但从总量上看，有裂纹的白瓷并不是隋唐五代白瓷的主流，如邢窑白瓷中的精致白瓷很少见到有裂纹的情况，基本上都是釉面光洁，“类雪似玉”，即使普通和粗糙的白瓷在釉面特征上通常也是良好，开片都很少见，更不要说过于深而粗的裂纹了，因此有裂纹的隋唐五代白瓷在总量上不占优势。从时代上看，隋唐五代白瓷在时代特征上较为模糊，各个时代在有裂纹的白瓷上基本相当，难分上下。从精致程度上看，有裂纹的隋唐五代白瓷特征比较明显，呈反比，精致白瓷最少见，普通和粗糙白瓷较为多见。从造型上看，亦无过于规律性的特征。鉴定时应注意分辨。

▲图 2-3　有明显裂纹的白瓷唾壶　唐代

油污

▲图 2-4 有油污的白瓷碗 唐代

隋唐五代白瓷中有油污者有见（图 2-4），这一点是可以理解的，因为隋唐五代白瓷毕竟在当时是人们日常生活当中的实用器皿，从这一点来看，在日常生活当中出现油污的情况也是在所难免。不过从数量上看，有油污痕迹的隋唐五代白瓷比较少见，墓葬和遗址当中几乎不见，由此可见，隋唐五代白瓷有油污者应该处于偶见的状态。从概念上看，油污的概念很好理解，多是指在使用的过程当中受到污染，色彩侵蚀到釉面或者胎体之上不能去掉，那么从这个特点上看，隋唐五代白瓷在油污概念上应该有微观和宏观之分，从理论上讲微观的油污只要是使用过的隋唐五代白瓷都不能幸免，但这是有时精密仪器都难以测量出的，而根本不会对我们的视觉造成影响，因此我们现在所讨论的油污多是宏观上的概念，从宏观概念上看，很少真正有严重的油污出现在我们的视线里，因为隋唐五代白瓷釉质细腻，致密，完全烧结，瓷化程度相当高，油污根本不可能侵入到釉质内，所以通常的油污多是在胎体上发现，如底足露胎的地方等处，反映也不是很强烈，通常只是一些色彩上的斑块，或者不规则的色彩变化。从时代上看，隋唐五代白瓷油污的情况在时代特征上不是很明显，各个时代基本相当。从窑口和精致程度上看，有油污的隋唐五代白瓷特征也不是很明显，其数量都是比较少见。鉴定时应注意分辨。

口磕

口磕的隋唐五代白瓷在造型上比较少见，口磕从概念上看显然是属于磕伤的一种，但口部磕伤的情况在隋唐五代白瓷中实在是太常见了，客观上形成了一些重要的鉴定依据，我们将其单列出来进行讨论。从数量上看，口磕的隋唐五代白瓷十分常见（图 2-5），墓葬和遗址都有出土，墓葬出土数量多为 1 到几件，遗址出土数量比较多，有时可见成百上千件，可见隋唐五代白瓷口有磕伤者几乎占到了整个白瓷的一大部分，也可见隋唐五代白瓷磕伤的情况以遗址出土器皿为主，墓葬出土为辅。从时代上看，隋唐五代白瓷时代特征比较简单，各个时代口有磕碰痕迹的白瓷在比例上基本相当，总量唐五代时期基本相当，隋代总量较小。从造型上看，隋唐五代白瓷中不同的造型有口磕情况严重和轻微之分，这一点是显见的，如白瓷碗和白瓷盒相比，白瓷碗的口部多为侈口，很容易磕碰，而白瓷盒多为子母口的造型，由于口部包裹在盖内，所以不容易受到伤害，因此从造型上看，不同的隋唐五代白瓷造型在口磕的情况上有稀疏之分，当然也有严重和轻微之分，从实物观测来看，隋唐五代白瓷在口磕造型上以碗盘等最常见，特别是以白瓷碗为最常见，其实从比例上看很多器物口磕特征基本都是相似的，但由于白瓷碗的总量大，所以其口磕的情况自然也就多。从精致程度上看，隋唐五代白瓷特征并不明显，但有一定的影响，特别是老的磕碰茬口，有明显受到精致程度的影响，精致白瓷有口磕的情况比较少，而普通和粗糙白瓷之上口磕的频率就比较高，相对来讲也较严重。这说明隋唐五代人们使用精致白瓷的时候比较小心，磕碰口部的情况少，而在使用普通和粗糙白瓷之时则比较随意。但从新茬口来看，显然不受精致程度的限制，无论是精致、普通、粗糙的隋唐五代白瓷收藏者都非常的爱惜，之所以有口磕，多是由不小心所致，具有偶见性。以上这些情况我们在鉴定时要注意分辨。

▲图 2-5　有口磕的白瓷碗　唐代

足磕

隋唐五代白瓷有足磕的现象较为普遍，足磕从概念上属于瓷器磕伤的一种，顾名思义概念比较容易理解，从发生的频率上看，隋唐五代白瓷足磕发生的频率应该相当普遍，特别是一些典型器，如白瓷碗就是人们日常生活当中的进食器，每天使用几次的频率，在使用时不小心造成磕碰的情况从理论上是非常容易发生（图 2-6），但事物的发展似乎总是超出理论的范畴，出乎人们的意料，从发掘出土的隋唐五代时期的白瓷碗来看，却

▲图 2-6　略有足磕的白瓷碗　唐代

很少发现有足磕的情况发生，特别是墓葬内出土的器物，由于保存环境好，几乎很少见到足磕的情况。遗址内白瓷保存的环境恶劣，多数足磕显然不是隋唐五代时期在使用时造成的，而是由环境造成。由此可见，足磕不是隋唐五代白瓷的主流。究其原因，显然是由于隋唐五代白瓷固有的优点所致，如足胎厚实，修胎仔细，选料考究，烧造温度高，胎质致密，坚硬等因素共同作用的结果。从程度上看，隋唐五代白瓷足磕的程度通常以严重为主，轻微的情况处于辅助地位，原因很简单，就是后来遭到撞击，隋唐五代白瓷多受到严重的外力，从遗址之上发现的白瓷来看，多数足部被外力作用而碎裂，有的只有一半，一些有大部，所以这种足磕都是毁坏性的，严重的。而在同时期生活当中出现的足磕，则以轻微居多，如足部磕碰出一个小坑，这些都属轻微的范畴。从精致程度上看，隋唐五代白瓷特征明确，呈现出明显的正比关系，精致的隋唐五代白瓷足磕的情况特别轻微者几乎很少见，如一些较为精致的唐代玉璧足的白瓷碗，都是细腻、润滑，没有任何瑕疵。同时通过实物观测，也可以很清楚地看到隋唐五代白瓷足磕的情况逐渐在发生，粗糙白瓷之上足磕是最容易发生的，究其原因显然是使用时的随意性所致。从时代上看，隋唐五代白瓷足磕的特征没有过于复杂化，而是表现出均衡化的特征。鉴定时应注意分辨。

伤釉

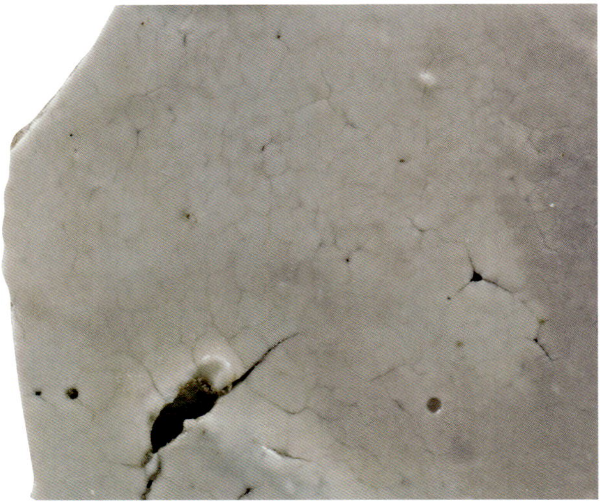

▲图 2-7 釉面开裂伤釉白瓷标本 唐代

隋唐五代白瓷上伤釉的情况有见，但从数量上看并不是很多，墓葬和遗址内有见一些，从件数特征上看，多为 1 到几件，由此可见，从总量上看隋唐五代白瓷伤釉的情况并不常见,不过是偶见而已。从概念上看，隋唐五代白瓷伤釉的概念比较容易理解,无论哪种情况，只要是白瓷之上的釉质受到了伤害，就可以称之为伤釉。但总的来看，伤釉的情况多以磨、划、蚀等情况为多见，当然磕碰、剥落等情况也有见，但对于隋唐五代白瓷来讲比较少。下面我们具体来看一下成因，其实隋唐五代白瓷在伤釉上的成因主要来自两个方面，一是窑内缺陷（图 2-7），二是外力作用。窑内缺陷的情况很多，如缩釉、剥落，都属于窑内烧造而形成的，缩釉的情况在隋唐五代白瓷上有见，但显然不常见。胎釉剥落情况也有见，但只有在十分粗质的白瓷上有见，数量基本可以忽略不计，窑裂形成的伤釉也不是很常见。综上所述，由于隋唐五代白瓷在烧造技术和态度上表现都比较好，所以将伤釉的窑内形成的缺陷降到了最低。从外力情况来看比较复杂，因为摩擦、划伤等外力作用存在相当的偶见性，而偶见性也就是无规律性，因此在这里我们不再过多赘述。从精致程度上看，隋唐五代白瓷较为明显，精致白瓷在伤釉特征上十分黯淡，基本上看不到隋唐五代精致白瓷有伤釉的情况。而普通和粗糙的白瓷上伤釉发生的频率则在增加，看来显然是呈现出正比的关系。从时代上看，隋唐五代伤釉的白瓷时代特征较为均衡，很少见那个时代有伤釉的白瓷集中出现的情况。

第二节 宋元白瓷

粘连

宋元白瓷粘连这一窑内缺陷并不明显，偶见的成分比较大。从造型上看，并不是所有的造型都会出现粘连的情况，多数白瓷碗、盘等，如罐、缸等器物造型一般情况下都很少见，粘连的程度通常也是比较微弱（图 2-8），像早期瓷器那样完全粘连在一起不能分离的情况基本不见。从窑粘形成的部位上看，宋元白瓷所谓的窑粘多是粘连在底足部分。从窑口上看，宋元白瓷基本上都隶属于定窑白瓷系统，当然定窑白瓷由于形成了巨大的窑系，所以各个窑场烧造白瓷的质量区别较大，对于窑粘而言一般以大小窑场来区分，通常情况下地方乡村级窑场常常会烧造出一些有窑粘的白瓷器皿，而主流的定窑白瓷中则很少见到。从时代上看，宋元白瓷粘连现象从时代上看并没有鲜明的时代特征，由于是一种窑内缺陷，具有偶发性的特征，所以无论是在宋代还是元代随时都有可能产生，鉴定时应注意分辨。从精致程度上看，宋元白瓷发生粘连的概率与瓷器的精致程度有着密切的关联，这一点比较容易理解，如精致的白瓷中基本不见窑粘，不然也就不能称之为精致器皿了，窑粘现象多发生在普通和粗糙的白瓷中，从实物观测来看，主要以粗糙白瓷为显著特征。鉴定时要注意分辨。

▲图 2-8　底足微有粘连的白瓷碗　宋代

破碎

宋元白瓷在品相上不是很好，破碎的白瓷时常有见（图 2-9），可以说绝大多数的白瓷都是破碎的，完整的器皿并不占据主流，这一点是显而易见的。从数量上看，墓葬和遗址内都有见，墓葬破碎的情况有见，但并不是很多，以完整器皿为主；破碎的白瓷主要以遗址为常见，窑址和城址之上可以看到成千上万的破碎白瓷，基本上很少见到完整器皿。从破碎的程度来看，宋元白瓷破碎的程度比较严重，多数破碎的仅剩下片状，不能分辨器物造型；总的来看破碎的程度以出土地点为显著特

▲图 2-9　破碎白瓷碗　宋代

征，墓葬内破碎的程度通常比较轻，复原起来很容易，因为即使一件器物碎成了数十片，但只要未经扰乱过的地层，我们都可以将这些碎片复原，恢复其原有的模样，这一点毋庸置疑；遗址破碎的情况比较严重，多为碎片，特别是城址和窑址上的白瓷往往不能复原，因为地层扰动严重，白瓷碎片的每个部位几乎都被移位，所以很难将其复原。从时代上看，宋元各个历史时期在破碎白瓷的数量上区别不大，在比例上基本相当。从精致程度上看，破碎的宋元白瓷没有过于复杂的特征，可以说精致、普通、粗糙的白瓷都有见，这与其偶见性的特征有着密切的关联。鉴定时要注意分辨。

破洞

宋元白瓷中破洞有见，但数量很少。破洞这一缺陷多是人为或者外力的结果所导致，这是由宋元白瓷自身固有的特征所决定的，如胎体致密、坚硬、瓷化程度高等特点，决定了白瓷非常容易受到伤害，很有可能在局部产生破洞等现象。但白瓷在胎体上如果形成破洞则不像陶器那样轻易，则必然要受到巨大的外力，或者是人为的因素，如钻孔等，所以从实践中观察其是宋元白瓷真正形成破洞的重要原因，因为如果一旦受到外力作用过大，白瓷顷刻之间就会破碎。装饰性的钻孔在宋元白瓷上的表现不是很明显，数量很少，鉴定时应注意分辨。

裂缝

有裂缝的宋元白瓷时常有见，而且这一特征比较明显，这些裂缝常常能够被人们的视线所发觉（图 2-10）。一般来讲宋元白瓷裂缝有严重和轻微之分，如有的开片犹如细纹一样的轻微，如果我们不仔细观察可能看不到，通常人们称之为轻微裂缝；通常情况下宋元白瓷在裂缝的程度上还是比较明显，能够看出明显的裂缝痕迹，裂缝有的较长，而有的较短，有的穿透胎体，一些仅在一面有表现，所有的这类裂缝我们称之为严重裂缝。从数量上看，墓葬和遗址内经常出土有严重和轻微裂缝的白瓷，数量从 1 件到几件不等，但更多的数量不见，由此可见，在总量上有裂缝的白瓷显然并不是主流。从时代上看，宋元白瓷在时代上基本呈现出均衡化的特征，并不能区分那一个时代多与少的问题，这应该与其偶见的特征具有明显的关联。

▲图 2-10　有裂缝的白瓷碗　宋代

油污

▲图 2-11　有油污的白瓷碗　宋代

油污并不是窑内缺陷，而是瓷器在使用过程当中由于油腻的影响，缓慢形成的一种不易清洗掉的污迹，不过油污多随着时间的推移而变得无影无踪，只有很少量在宋元时期油污比较严重的被保留了下来，这一点应该很容易理解，因为白瓷毕竟在当时是人们日常生活当中的实用器皿，所以油污在所难免。从发掘的情况来看，有油污痕迹的宋元白瓷比较少见，墓葬和遗址中有见，件数特征多为 1 到 2 件，由此可见，有油污的宋元白瓷在总量上十分有限。从时代上看，宋元白瓷有油污的情况在时代特征上不是很明显，相比较而言，以宋代为比较常见（图 2-11），元代数量不及宋代。从窑口上看，宋元白瓷中有油污的白瓷主要以定窑白瓷为显著特征，非定窑系统的粗糙白瓷由于在当时很少是主流的生活用具，所以有油污的情况也比较少见。从器物造型上看，有油污的宋元白瓷在器形上主要以碗、盘等器皿为显著特征，而罐、盆、盏、壶等器皿被油污的现象比较少见，这主要与其接触油污的频繁程度有关。从精致程度上看，有油污的宋元白瓷与精致程度关系并不是很紧密，可以说精致、普通、粗糙的白瓷之上都有见。鉴定时应注意分辨。

口磕

口磕是一种人为的非窑内缺陷，在宋元白瓷中常见，多是指口部有微小磕碰痕迹，以轻微为显著特征，严重的情况比较少见。从数量上看，墓葬和遗址都有出土，以遗址出土为显著特征，墓葬出土数量多为 1 到几件，遗址出土数量比较多，可以看到成百上千件的有口磕的残瓷，可见宋元白瓷中口磕极为普遍。从时代上看，宋元白瓷口磕主要有两种情况，一种是在同时期使用时被磕碰的，这种磕碰一般都是老茬口，在数量上占据主流地位；另外一种是在今天发掘出来以后被磕碰的，是一种新茬口，这种情况虽然比较少，但的确有见，鉴定时我们要注意分辨。从造型上看，宋元白瓷中不同的造型都有口磕的可能性，但通常情况下以碗、盘、盏、碟等为常见，这些器皿一是经常使用，容易形成磕碰，二是器壁较薄，也容易受到伤害，所以二者相加，口磕的情况就比较严重了。而像白瓷盒等一些特殊的造型，由于子母口的造型口部包裹在盖内，所以就不容易受到伤害。从精致程度上看，宋元白瓷在精致程度上与口磕的关系并不密切，因为口磕毕竟是一种缺陷，这种缺陷的形成具有偶发性（图 2-12），所以无论是精致、普通、粗糙的白瓷之上都有可能会出现口磕的现象。但对于老茬口的白瓷，从发掘的情况来看，精致者或者是普通的白瓷口磕并不严重，主要以粗糙白瓷为多见，这说明人们在使用精致和普通白瓷时比较用心，而在使用粗糙白瓷时则比较随意，所以造成了这种现象。鉴定时要注意分辨。

▲图 2-12　较精致、口有磕碰的白瓷罐　宋代

足磕

▲图 2-13　有足磕的白瓷碗　宋代

足磕在宋元白瓷有见，由于足部是瓷器使用频率最高的部位，所以足磕的形成也很自然，不过从数量上看，宋元白瓷有足磕的现象并不能占据主流地位，从发掘出土的宋元白瓷碗来看，很少发现有足磕的情况，仔细观察后发现这些足部由于是实用器皿，胎体烧造多坚硬、厚实。从时代上看，宋代以圈足的低矮坚固来保证其不形成足磕；元代以胎体的高大厚实来作为保障。从程度上看，宋元白瓷足磕的程度并不严重，多数以轻微为显著特征，如足部磕碰掉一个小坑，或者一小片等（图 2-13）。从精致程度上看，宋元白瓷足磕现象与精致程度关系从宏观上呈现出正比的关系，足磕的严重程度，轻微、普通、严重对应白瓷精致程度中的精致、普通、粗糙。鉴定时应注意分辨。

伤釉

▲图 2-14　釉有伤的白瓷罐　宋代

宋元白瓷伤釉现象有见，但并不是很普遍，从出土的情况看，以遗址出土为多见，墓葬出土为辅，并不是每一座墓葬内都能见到有伤釉的白瓷，但在遗址内一般都能见到几件，但这个比例与宋元白瓷总量相比非常小，几乎可以忽略不计。宋元白瓷伤釉的形成主要有以下几种：一、摩擦。二、划蚀。三、釉面磕碰。四、釉面剥落等。当然其他的情况也有见：但主要以这几种为显著特征，从出现的频率来看基本相当，并没有哪一种异军突起的情况。从成因上看，主要有三个方面，一是窑内缺陷。二是外力作用。三是窑内缺陷和外力共同作用。第一个方面很好理解，窑内缺陷的情况很多，如缩釉就属于典型的情况。第二种情况外力作用也比较普遍，如摩擦、划蚀、磕碰等都属于外力作用。第三种情况比较少见，如釉层剥落，这种现象的形成显然首先是窑内缺陷，在窑内就没有处理好化妆土胎釉结合的关系，在此基础上加之在生活当中的使用，这样就造成了白瓷胎釉剥离的现象。从精致程度上看，宋元白瓷伤釉与精致程度的关系并不密切，因为大多数外力伤釉具有偶发性（图 2-14），所以并不存在与精致程度的关联；只是窑内缺陷造成的伤釉与精致程度有关系，但是宋元瓷器作为鼎盛期的瓷器，在烧造技术上十分成熟，所以基本不存在的胎釉剥离等现象。这一点我们在鉴定时应注意分辨。

第三节 明清白瓷

粘连

明清白瓷有粘连的器皿很少见，特别是严重粘连的情况非常少，这与明清白瓷民间窑场的性质关系密切，正因为是民窑，又多是乡村级在使用，所以实用、成本被提到了前所未有的高度，在这种背景之下，有严重粘连的器皿是需要重点防护的，如果一旦出现两个或者是三个粘连在一起的废品，自然会加大成本。但明清白瓷略微有粘连的情况很多，如内底有粘连；底部有粘连等都有见；不过针对明清白瓷而言，由于粘连是实用的大忌，所以窑内有粘连的情况控制得比较好。多数器皿都是偶有粘连。鉴定时要注意分辨。

破碎

明清白瓷中完好无损者有见，但破碎者更多，只不过是破碎的严重程度不同而已（图 2-15），有的只是破碎一部分，而有的成了碎片，对于明清白瓷来讲，破碎的情况的确十分严重，但主要以出土位置为显著特征，墓葬出土破碎的程度比较轻，很多只是破碎了一点，即使完全碎掉的器皿经过修复后也可以复原；而遗址出土明清白瓷破碎的情况非常严重，如城址出土器皿破碎的情况非常严重，几乎完整器皿很少，以破碎的片状为主；窑址从发掘的情况来看也是这样，完整的器皿很少。从可复原的情况来看，墓葬和窑址出土的器皿可复原的比较常见，而城址内出土的白瓷多已经找不到可复原的依据（图

▲图 2-15　破碎白瓷标本　明代

2-16），如白瓷碗找不到口沿和底足，所以无法复原，碎的程度比较严重。从时代上看，明清两代破碎的白瓷在数量上基本相当，没有过于复杂性的特征。

▲图 2-16　不可复原的白瓷标本　明代

裂缝

明清白瓷有裂缝者常见，只是在严重程度上有轻微和严重之分，如开片一样的细纹，没有穿透胎体的情况我们通常称之为轻微裂缝，但有一些裂缝的程度比较深，纹线粗而长，明显已透过胎体，因为与胎体穿透，这种裂缝显然是比较严重。但这两种情况在明清白瓷中都不多，很显然明清瓷器由于胎体坚硬，所以比较脆，如果遇到很大外部压力，可能直接就碎掉了，很少出现这种器皿还完整的裂缝，这一点是显而易见。而更多存在的情况是明清白瓷中所谓的有裂缝者，多数是碎片拼接而成，如果是博物馆展出的考古修复器皿，基本上不掩饰这种经拼合而成器皿的裂缝，看起来很明显，我们在鉴定时要注意分辨。从数量上看，明清白瓷有裂缝的情况也不是很常见，因为一般瓷器碎片是不具备修复价值的，以最常见的白瓷碗为例，如果不是有底有口沿的标本，就没有修复的意义，而这样的标本在数量上相当有限。从时代上看，有裂缝的明清白瓷并不是一种窑内缺陷，而是一种在外力作用下形成的残缺，所以具有相当程度的偶见性，因此在时代特征上比较模糊，不能分出明清时代究竟哪一个时代更丰富。从精致程度上看也没有过于规律性的特征，鉴定时应注意分辨。

油污

明清白瓷中有油污者有见，这一点最容易理解，明清白瓷虽然走入当时最底层的乡村，但确为普通老百姓日常生活当中的实用器，从这一点来看出现油污的情况在所难免。另外明清白瓷距离现在比较近，有很多器皿距离其真正使用时间不是很久远，所以出现油污的可能性很大。从发掘和传世的器皿来看的确是这样的，明清白瓷中被油污者十分严重，墓葬和遗址当中经常有见。从概念上看，油污的程度很好理解，油迹无论什么原因侵蚀到釉面或者胎体之上，而不能清洗干净者，我们即可以称之为油污；从这一点上看，明清白瓷有油污者的确比较多，轻微和严重者都有见，但判断的标准主要还是视觉（图 2-17）。从时代上看，明清白瓷油污的情况时代特征并不是很明确，各个时代基本相当，鉴定时应注意分辨。

▲图 2-17　有油污的白釉瓷器　明代

口磕

明清白瓷中口磕者常见，口磕并不是一种窑内缺陷，它的出现主要是来源于外力作用的结果。口磕的形成对于白瓷而言，实际上主要来自于人们在日常生活当中的使用，特别是使用频率比较高的器皿，有口磕的可能显然是比较大，如人们日常生活当中常用的白瓷碗，在使用洗涮的过程当中经常发生口磕现象，但一般情况下口磕并不严重，根本不可能会影响到其实用的价值，因此这些白瓷碗人们会继续使用，从实物上看，有的明清时期的白瓷碗在口部磕碰痕迹上是层层叠叠，向今天的人们述说着岁月的沧桑。不过并不是所有的器皿在口磕上都是这样沧桑，明清白瓷口磕的形成还与器物的使用频率有着密切的关系，如白瓷碗、盘、碟等由于每日人们都要使用和清洗，使用频率比较高，磕碰形成的可能也就比较大，与使用频率是一个呈正比的关系；而如白瓷罐和瓶等一些陈设器皿，由于是放置在某处用于陈设，真正搬动的频率不高，从这一点来看，发生口磕的概率就会小得多。由此我们也可以看到，明清白瓷口磕的形成与其功能有着密切的关联，由于白瓷瓶等有着浓郁的装饰性功能，所以如果有口磕自然会影响到这种功能，故在当时社会很少会发生口磕的现象。而像白瓷碗盘等实用器皿显然口磕多是在当时形成的，就是因为是实用器皿，所以人们并不在意。因此从数量上看，明清时期白瓷口磕现象十分常见，在总量上有一定的量，鉴定时应注意分辨。

足磕

明清白瓷足磕的现象十分普遍（图 2-18），这一点也是最容易理解的，明清白瓷作为一种民间最为实用的瓷器，有足磕显然是再正常不过的事情了，只是不同器皿在足部磕碰上的严重程度和频繁程度不同而已。从具体情况来看，几乎有足部造型的所有器皿都有可能发生足磕的现象，从实际发掘的情况来看，明清白瓷中没有足磕者的确仅仅是一部分，而有的则是没有足磕，如白瓷碗、盘、碟、杯等比较常见足磕，这与其功能有着密切的关联，由于其是人们日常生活当中的食器和茶具等，所以每天使用的频率比较高，因此形成足磕的可能也很大；而罐、瓶等器皿足磕发生的概率就很小，这一点与其功能也有明显的关联，因罐瓶等具有浓郁的装饰性功能，所以出现足磕的可能性就非常小，试想谁会在厅堂之上放一件有足磕较为严重的花瓶呢？而假如是白瓷碗盘等出现了足磕，只要不是很严重，完全可以使用，这是没有问题的。由此可见，明清白瓷足磕出现的频繁和严重程度与器物造型功能有着极为密切的关联。这一点我们在鉴定时要注意分辨。不过足磕显然不是明清白瓷的主流，这与明清白瓷足胎厚实，修胎仔细，选料考究、瓷化程度好、致密、坚硬等因素有关。从时代上看，明清白瓷足磕的特征较为模糊，并没有过于均衡化的特点。鉴定时注意分辨。

▲图 2-18　底足略有粘连的白瓷碗　明代

伤釉

明清白瓷伤釉的情况时常有见，但从总量上看并不是很多，墓葬和遗址内有见一些，但多为 1 到 2 件，并没有大规模出土的情况。因此所谓明清瓷器的伤釉只是偶见。从程度上看，明清白瓷伤釉的程度多不是很严重，这与其釉质选料考究、瓷化程度高等有着密切的关系，釉质已被完全烧结，所以伤釉的情况多以人为因素为主，如摩擦、划伤、磕釉等为主（图 2-19）。当然也有窑内缺陷的内容，如胎釉剥离等与窑内缺陷有关，再如缩釉、窑裂等，但这些情况都不是很常见。由此可见，由于明清白瓷烧造技术和态度良好，所以将伤釉的窑内形成的缺陷降到了最低，这一点与传统的唐宋白瓷相比毫不逊色。从精致程度上看，明清白瓷伤釉与精致程度的关系并不密切，精致、普通和粗糙的白瓷釉面之上都有见，从数量上看以普通瓷器为多见。鉴定时应注意分辨。

▲图 2-19　釉略有伤的白瓷标本　明代

第三章 釉色

第一节 隋唐五代白瓷

雪白釉

色彩及背景。雪白釉色犹如“皑皑白雪”、“类雪似玉”、精美绝伦，在釉色上几乎达到了白瓷烧造的尽头（图 3-1）；并在当时以极低的价格进行销售，是盛唐高度发达物质文化的象征。

数量。雪白釉瓷器隋唐五代时期有见，墓葬和遗址内都有出土，墓葬出土件数为 1 到数件不等，遗址出土数量数十件、甚至更多者有见，可见在总量上有一定的量，在隋唐五代的瓷器中占有一定的地位。

▲图 3-1　雪白釉瓷碗　唐代

时代。雪白釉色的白瓷主要见于唐五代时期，以唐代烧造为最，五代时期主要延续唐代烧造技术及风格。其他历史时期很少见。

窑口。唐五代雪白釉瓷器在窑口特征上比较明确，主要以唐五代时期的邢窑为显著特征，产生了大量精美绝伦的雪白釉白瓷，同时期的其他窑口所烧造的雪白釉白瓷，基本上都受到邢窑的深刻影响。

光泽。唐五代雪白釉瓷器在光泽上光亮与黯淡并举，对于白雪的模仿惟妙惟肖，一些表现为阳光照射下的鲜亮，也有表现黄昏时弱光泽下的柔和，但无论哪一种看起来都是非常的淡雅、滋润，没有刺眼的感觉，通体闪烁着非金属的光芒（图 3-2），美不胜收。

▲图 3-2　柔和淡雅、闪烁着非金属光泽的雪白釉邢窑玉璧足白瓷碗　唐代

精致程度。唐五代雪白釉瓷器在精致程度上特征比较复杂，没有过于规律化的特征，精致、普通、粗糙者多有见。从时代上看，唐代精致白瓷数量最多，五代普通和粗糙白瓷的数量占统治地位。

流行程度。唐五代雪白釉瓷器流行程度非常之广，邢窑的产量相当之大，在唐五代时期“通销天下”。在使用阶层上，也是天下无论贵贱通用之，达官贵人和普通的百姓都在使用。在地域上虽然邢窑是北方窑口，但从发掘的情况来看，南方地区也在广泛使用，只是在数量上略逊而已。鉴定时应注意分辨。

乳浊白釉

色彩及背景。乳浊白釉，像乳汁一样浑浊，故得名乳白釉，通常釉质肥厚，几无通透感。这是一种具有感染力的色彩，人们非常喜欢，虽然要耗费较多的成本，但在唐代还是出现了很多乳浊白釉的产品，使其成为盛唐白瓷中的重要品种。

数量。乳浊白釉的瓷器在唐五代时期十分常见，墓葬和遗址当中都有出土，件数特征从 1 到数件的情况都有，在总量上有一定的规模。

时代。乳浊白釉瓷器时代特征十分明确，隋代很少见到，可以说几乎不见，主要以唐代为显著特征，五代时期有见，但在数量上明显不如唐代。

窑口。乳浊白釉瓷器在窑口上特征并不像雪白釉那样明确，但邢窑所烧造的乳浊白釉瓷器显然在质量上较为上乘，其他窑口也都有烧造。鉴定时应注意分辨。

光泽。唐五代时期乳浊白釉瓷器光泽犹如母乳的涓涓溪流，通常使用弱光泽，柔和淡雅，油脂光泽明显，通体闪烁着非金属的油性光泽。

精致程度。乳浊白釉瓷器在精致程度上很明确，精致、普通、粗糙者多有见（图 3-3），从数量上看，精致者最少，普通和粗糙器皿最为多见。看来乳浊白釉瓷器在当时具有极强的实用性。

流行程度。乳浊白釉瓷器在唐五代时期十分流行，但从数量上看以民间流行为显著特征，宫廷内发现的标本目前比较少；地域特征以北方地区为主，如河南、河北、山东、山西、陕西等地都常见。

▲图 3-3　精致乳白釉盘口瓶　唐代

猪油白釉

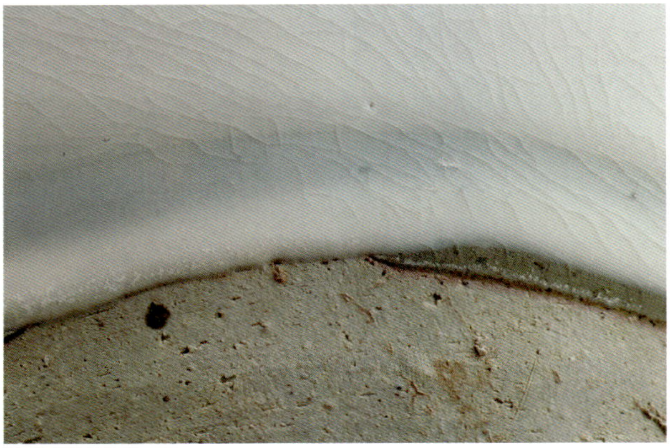

▲图 3-4　猪油白釉　唐代

色彩及背景。猪油白釉属单色范畴，模仿色，惟妙惟肖，因其如同猪油一般的色彩，故而得名。这是一种有烧造难度和名贵的色彩，使人遐想联翩，如痴如醉，充分显示了唐代高超的制瓷技术和艺术成就。

数量。猪油白釉瓷器时常有见，墓葬和遗址内时常有见，墓葬出土多为 1 到 2 件，遗址出土数量多一些，但并没有很大的量，看来猪油白釉瓷器在人们生活用瓷中并不占主流地位。

时代。猪油白釉瓷器具有鲜明的时代特征，十分清晰，隋代不见，以唐代为显著特征（图 3-4），五代时期有见，但数量很少。

窑口。唐五代猪油白釉瓷器在窑口特征上较为鲜明，主要以邢窑为主，邢窑白瓷中出现了最为精致的猪油白釉瓷器，但数量并不是很多，同时期仿烧者质量略逊，但在釉色上基本可以掌握大意。

光泽。猪油白釉瓷器在光泽度上较鲜亮，将猪油的肥腻表现得淋漓尽致，细腻、柔和、淡雅，油脂感很强，通体闪烁着柔媚的非金属油性光泽。鉴定时应注意分辨。

精致程度。猪油白釉瓷器在精致程度上特征明晰，精致、普通、粗糙者都有见，但精致者由于技术难度高而比较少见，以普通瓷器为显著特征，粗糙者也少见。另外，唐代明显比五代时期要精致。

流行程度。猪油白釉瓷器在流行程度上特征明确，上流社会和市井中都有使用，无非是在精致程度上有差别而已；在地域上以邢窑核心区域为显著特征，南方地区比较少见。

白釉泛灰

色彩及背景。白釉泛灰在色彩上出现了较为严重的偏色，以白釉为主色，但明显地能够看到有灰色的存在，这种色彩有相当固定化的倾向，显然不是尝试性产品。白釉泛灰色彩其实是白釉一直都存在的一个问题，它的产生受到胎料、釉料、温度等多种因素的影响，无论是那一个环节出现问题，都会导致泛灰釉的产生，由此可见，在隋唐五代时期出现这种白釉泛色也属正常。

数量。白瓷白釉泛灰瓷器在隋唐五代时期时常有见，墓葬和遗址内都有见，墓葬出土多为 1 到 2 件（图 3-5），遗址出土数量有见数件的情况，在总量上有一定的量，但显然属于少数。只是隋唐五代白瓷品类中的一个点缀而已。

时代。白釉泛灰的白瓷时代特征明晰，隋唐五代各个历史时期都有见，从比例上看没有过于规律的特征，有偶见的成分。鉴定时注意分辨。

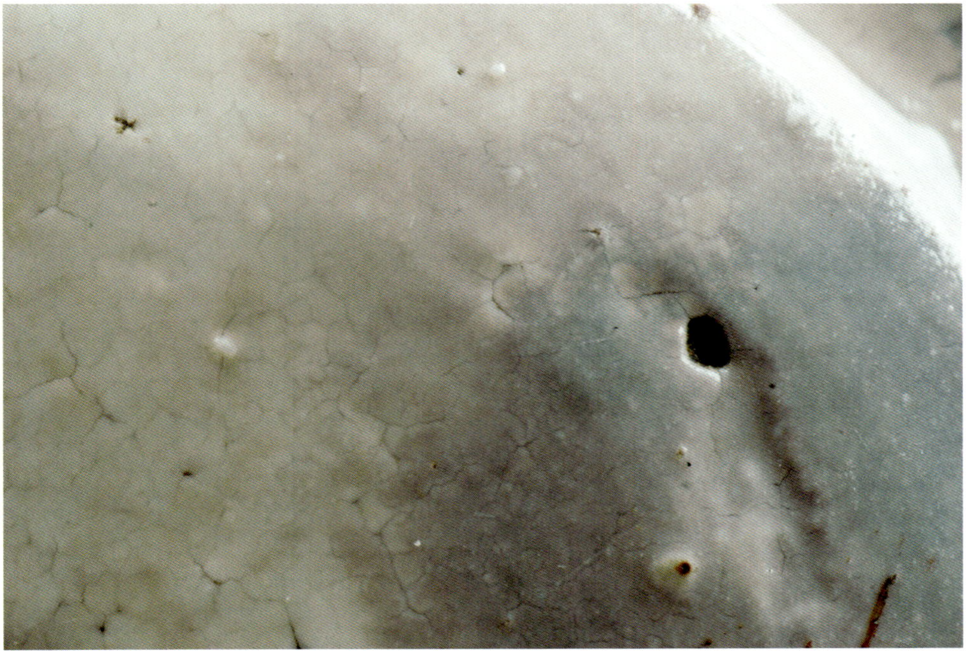

▲图 3–5　白釉泛灰釉标本　唐代

窑口。白釉泛灰的白瓷在窑口特征上较为模糊，著名的邢窑白瓷中也有见，但数量很少，其他窑口也有见，但不知名的地方小窑场烧造瓷器中白釉泛灰瓷器的比例显然比名窑要多。

光泽。白釉泛灰白瓷在光泽上特征明确，光泽以暗淡者居多，不过失亮的情况却很少；另外，多数白釉泛灰瓷器在光泽上仍不失淡雅之风尚。

精致程度。白釉泛灰的瓷器精致者很少，几乎不见，特别是邢窑白瓷中多以残次品为主。普通白瓷中也并不多见，主要以粗糙瓷器为显著特征。

流行程度。白釉泛灰瓷器流行很广，从目前发掘的情况来看，各个地区基本上都可以找到白釉泛灰的瓷器，这应该主要与白瓷民间窑场的性质有关，白釉泛灰只是在色彩上出现一点偏差，但这丝毫不会影响到使用功能，所以销售很广（图 3-6）。

▲图 3-6　白釉泛灰瓷盒　唐代

黄白釉

色彩及背景。黄白釉显然为复色的一种，黄白两色完美地交融在一起，并不能分出彼此，可见黄白色迎合的是人们的视觉色彩，归根结底为一场视觉的盛宴，并不是简单的黄白两色的结合。这一点我们在鉴定时要能够理解。黄白釉瓷器体现了隋唐五代社会白釉瓷器在色彩上的多元化尝试。

▲图 3-7　黄白釉瓷碗　唐代

数量。隋唐五代白瓷中的黄白釉色瓷器有见，但不多见，墓葬和遗址内偶有发现，出土件数多为 1 到 2 件（图 3-7），总量基本可以忽略不计。看来黄白釉的白瓷在隋唐五代时期并不占主流，只是有见。

时代。隋唐五代黄白釉的瓷器时代特征鲜明，隋代比较少见，唐五代时期有见，以五代时期最为多见。实际上隋唐五代白瓷上的色彩多偏青，偏黄主要以宋代为多。

窑口。隋唐五代黄白釉的白瓷窑口特征十分复杂，以非主流窑口为显著特征，如著名的邢窑白瓷中就很少见，反而是一些乡野窑场较为多见。

光泽。隋唐五代黄白釉的瓷器在光泽上较为柔和，光亮的程度不太稳定，总体来看较为黯淡。

精致程度。隋唐五代黄白釉的瓷器在精致程度上特征较为明显，精致瓷器中黄白釉色基本不见，普通和粗糙的白瓷偶有见。

流行程度。黄白釉瓷器在流行程度上比较广，贯穿于整个隋唐五代各个历史时期（图 3-8），在数量上隋代最少，唐五代时期较多见；从地域上看也是“通销全国”。在使用阶层上基本上没有过于规律性的特征。

▲图 3-8　黄白釉瓷罐　唐代

青白釉

色彩及背景。青白釉色从概念上看为复色，青与白的结合，但隋唐五代时期的青白釉色并不是真正意义上成熟的色彩，与宋代成熟的青白釉色相比并不稳定，局部串色现象时常有见。整个色彩青色比重大一些。由此可见，虽然隋唐五代时期白瓷已经成熟，但由于受到传统青瓷的影响而过于浓重，所以白釉泛青的情况依然是比较常见，严重者即为青白。

数量。隋唐五代青白瓷有见，但数量很少，有偶见的成分，墓葬和遗址内都有见，不过墓葬出土的情况很少，以城址和窑址出土为主，实际上这是一种比例上的表现，由于遗址出土器物丰富，这才显示出青白瓷有一定的量。

时代。隋唐五代青白釉的白瓷在时代特征上不是很明显，但特征显然是以隋唐时期为多见，唐代中后期以后，数量就在逐渐减少，五代时期也比较少见。

窑口。隋唐五代青白瓷在窑口上基本上被排挤在名窑之外，如著名的邢窑白瓷中基本不见，而多是在一些小窑场中有见。

光泽。青白釉光泽素雅，闪烁着柔和的光泽，油性光泽浓重，属非金属光泽的范畴。

精致程度。隋唐五代青白釉瓷在精致程度上显然与精致白瓷无缘，因为在隋唐五代时期精致的白瓷是以雪白和纯白釉等色为贵，其他的色彩很少见。就是普通的瓷器也不多见，基本上以粗糙的瓷器为主，而且是以普通窑场的粗质白瓷为显著特征，名窑中即使粗糙的白瓷多数也不会出现青白色彩。

流行程度。青白釉瓷器带有一定的原始性，与烧制不彻底有着某种间接关联，但这只是我们今天的看法，实际上青白釉瓷器在隋唐五代各个时期都有见，流行区域较广，无论是南方还是北方都比较流行，使用阶层也没有过于规律性的特征。

白釉泛黄

色彩及背景。白釉泛黄在色彩属性上显然属于白釉的衍生色彩，而不属于复色，并非像黄白釉色那样交融在一起形成了不分彼此的色彩（图 3-9），而是主色调为白色，只是在白色调的基础上略有泛黄，黄色显然只是辅助。色彩多元化的浪潮，以及白瓷民间窑场的性质，催生了白釉泛黄瓷器的产生，不过隋唐五代时期人们并不推崇白釉泛黄的瓷器，只是有见这种瓷器而已。

数量。隋唐五代白瓷白釉泛黄者有见，不过数量比较少，这一点由于墓葬和遗址内很少出现这一类器物，因此很难得到佐证，可见白釉泛黄的白瓷在隋唐五代时期的确具有相当的偶见性。

时代。隋唐五代白釉泛黄的瓷器时代特征异常明显，隋代很少，唐代有见，但数量也很少，五代时期略有见。

窑口。隋唐五代白釉泛黄的瓷器在窑口特征上特征异常的明显，主流窑口邢窑白瓷之上很少见到，其他非主流窑场也很少见。

光泽。白釉泛黄的隋唐五代瓷器在光泽上以黯淡著称，整个色调与猪油白等光亮度高的釉色相比暗淡许多，但光泽柔和，淡雅，不失雅致的气息。

精致程度。隋唐五代白釉泛黄的瓷器精致程度不是很好，精致的瓷器基本不见，以普通、甚至粗糙的瓷器为显著特征，可见其在隋唐五代时期的非主流特征。

流行程度。白釉泛黄的瓷器在流行程度上特征比较明确，流行区域和范围主要在河南、河北、山西、山东等地，南方地区比较少见；从使用阶层上以平民家庭和市井使用为主，显然并未进入最上等瓷器的范畴。

▲图 3-9　白釉泛黄瓷盒　唐代

第二节 宋元白瓷

象牙白

色彩及背景。象牙白釉色顾名思义就是如同象牙般的白色，这种白色显然不是偶然形成的，而是由人们特意模仿而来，但对于宋代象牙白釉来讲，在色彩上已经完全成熟，具有相当强的稳定性（图3-10），为宋代高度发达白瓷烧造工艺的象征。

数量。宋代白瓷中象牙白釉常见，墓葬和遗址当中都有出土，墓葬出土多为1到数件，遗址出土数量更多，在总量上有相当的量，为宋代白瓷色彩的主流之一。鉴定时应注意分辨。

时代。象牙白瓷器具有鲜明的时代特征，几乎为宋代所独有，唐五代时期有见，但色彩不是很成熟，元代也不是很常见。

窑口。象牙白釉瓷器在窑口特征上十分清晰，以著名的定窑白瓷为主，是定窑白瓷中最为常见的一种色彩，为定窑白瓷的象征，以宋代定窑白瓷为显著特征，元代定窑系瓷窑场中继续烧造，但在质量上略有下降。

光泽。象牙白釉瓷器在光泽上以淡雅著称，色泽并不是很光亮，但也绝不黯淡，油性光泽较强（图3-11），闪烁着非金属的淡雅光泽。鉴定时应注意分辨。

精致程度。象牙白釉色与精致程度有一定的关联，通常情况下真正意义上的象牙白瓷器在精致程度上都比较好，但在宋元时期普通和粗糙的瓷器也有象牙白色，只是在同等层次上精致程度略高。因此从某种程度上可以看到象牙白釉色基本上是定窑精致白瓷的象征性色彩。

流行程度。象牙白釉在宋元时期十分流行，特别是在宋代几乎是最流行色。无论在上层社会还在市井之中都有大量的使用。从地域上看，已经完全退去了唐代“南青北白”的瓷业格局，在全国范围内都非常盛行。

图 3-10　色彩稳定的象牙白釉碗　宋代

图 3-11　闪烁着非金属淡雅油性光泽的白瓷碗　宋代

乳浊白釉

色彩及背景。乳浊白釉在宋元时期继续流行，但显然在色彩上有所退步，没有唐代那样的惟妙惟肖，当然这与其釉质的稀薄和略有通透性有关，看来宋元时期依然是延续了唐代这一盛行的白瓷色彩。不过乳浊白釉在宋元时期显然只是众多白釉色彩中的一种，占不到主流地位。

数量。乳浊白釉瓷器在宋元时期有见，墓葬和遗址当中都有出土，有时能够偶见到 1 到 2 件的情况，在总量上规模大减。由此可见，从数量上看宋元时期的乳浊白釉与唐代相比不可同日而语。

时代。乳浊白釉瓷器在时代上特征十分清晰，宋元时期都有见，但两个时代数量都比较少，相比较而言，元代数量最少。

窑口。宋元乳浊白釉瓷器在窑口上特征不是很清晰，定窑白瓷中有见，其他地方土窑烧造瓷器中也有见，具有不均衡的特征。鉴定时应注意分辨。在质量上以名窑烧造为上乘，地方小窑烧造只是略得大意而已。

光泽。宋元乳浊白釉瓷器在光泽上特征较为复杂，主要以较强的光泽为显著特征，不过光泽看起来并不刺眼，而是较为柔和（图 3-12）、细腻；有一定程度的油性光泽。

精致程度。宋元乳浊白釉瓷器在精致程度上多数较好，但特征较为分散，精致、普通、粗糙者都有见，从数量上看，主要以普通和粗糙器皿最为常见。

流行程度。乳浊白釉瓷器在宋元时期十分流行，但从数量上看，以民间流行为显著特征，市井使用为主；地域特征遍及全国。鉴定时应注意分辨。

▲图 3-12　光泽柔和的乳浊白釉瓷碗　宋代

鸡骨白釉

色彩及背景。鸡骨白的釉色概念十分清晰，就像是鸡骨一样的白色，当然这与人们在生活当中对于鸡骨美味的回忆有关，为了回味这种色彩，工匠们烧造了这一精美绝伦的色彩。

数量。鸡骨白釉的瓷器在宋元白瓷中时常有见，但数量不是很多，有很多白瓷在色彩上虽然仿烧鸡骨白釉，但烧造得并不成功。从发掘的情况来看，墓葬和遗址中都有见，只是在数量上相差比较大，很多墓葬当中不见，有偶见的成分；以遗址出土为常见。在总量上并不上规模。

时代。鸡骨白釉瓷器在时代特征上十分明确，以宋代较为多见，而元代鸡骨白釉的瓷器数量很少。鉴定时应注意分辨。

窑口。鸡骨白釉的瓷器在窑口上并没有过于规律性的特征，著名的定窑白瓷中有见，其他地方小窑场也有见，但从数量上看，主要还是以定窑系统的白瓷最为常见。

光泽。宋元鸡骨白釉瓷器在光泽特征上十分明显，光泽淡雅、柔和，让人浮想联翩，非金属油性光泽十分明显。

精致程度。宋元鸡骨白釉色与精致程度关系并不密切，无论是精致、普通、粗糙的白瓷之上都有可能出现鸡骨白的釉色（图 3-13）。

▲图 3-13　精致鸡骨白釉瓷碗　宋代

流行程度。鸡骨白釉在宋元时期十分流行，当然其数量无法与主流的象牙白瓷器相比，但相对于宋元两个历史时期而言，以宋代较为流行。从地域上看，特征较为模糊，基本上覆盖全国。从流行阶层上看，上层社会和市井之中都有使用，不过从数量上看显然以市井为主要特征。

白釉泛灰

色彩及背景。宋元白瓷中白釉泛灰的色彩是一种较为严重的偏色，这一点毋庸置疑，它是以白色为主色调，但明显地能够感觉到有灰色的存在，而且有色彩固定化的倾向。其实这是一种历史色彩，历代都有，与胎料、釉料、温度等多种因素都有关系，一般某个环节处理不好，就会产生白釉泛灰的现象，实际上其应该是窑内缺陷，鉴定时应注意分辨。

▲图 3-14　轻微白釉泛灰瓷盂　宋代

数量。宋元白釉泛灰瓷器时常有见，墓葬和遗址内都有出土，墓葬出土多为 1 到 2 件，遗址出土数量多一些，在总量上有一定的量，但显然属于少数，占据不到主流地位。在中国古代瓷器鼎盛期依然出现了如此众多的白釉泛灰瓷器，由此可以折射出宋元经济衰落的一面。鉴定时应注意分辨。

时代。白釉泛灰瓷器在时代特征上十分明确，宋代表现较为轻微（图 3-14），元代表现较为严重，这一点无论是在数量还是白釉泛灰的程度上都是这样。鉴定时注意分辨。

窑口。宋元白釉泛灰瓷器在窑口特征上不是很明确，著名的定窑白瓷中也有见，其他窑口也有见，特别是一些不知名的乡村级小窑场烧造白釉泛灰瓷器的比例显然要多。鉴定时要注意分辨。

光泽。宋元白釉泛灰白瓷在光泽上特征明确，光泽鲜亮者多为局部，以黯淡者居多，有一定的油性光泽，通体闪烁着非金属的光泽。

精致程度。白釉泛灰与其精致程度之间的关系密切，在宋元瓷器的精致瓷中很少见到白釉泛灰者，主要存在于普通和粗糙的瓷器当中，特别是以粗糙瓷器为显著特征。鉴定时要注意分辨。

流行程度。白釉泛灰瓷器在宋元时期不能说是流行，但数量还是比较多，各个地区基本上都发现了这一历史时期的白釉泛灰瓷器。但从流行阶层上看，主要在下层社会和市井之中流行，特别是宋元时期的一些饭馆酒嗣内经常有见。从发掘的情况来看也的确是这样的，在城址街道两旁是出土白釉泛灰瓷器的重点区域。鉴定时应注意分辨。

黄白釉

色彩及背景。宋元瓷器中的黄白釉色显然为复色的一种，黄白两色完美地交融在一起，彼此不能分离，已经形成了一种独立的色彩，但判断的标准依然为视觉，因此归根结底它仍然为一种视觉的盛宴（图 3-15）。黄白釉瓷器与宋代瓷器的象征象牙白釉瓷器比较相像，这体现了宋元白釉瓷器在釉色上多元化尝试的过程。鉴定时应注意分辨。

数量。宋元黄白釉瓷器时常有见，是一种较为普通的色彩，墓葬和遗址中都有见，墓葬出土件数多为 1 到数件，遗址出土数量众多，有时可达数十上百件。由此可见，在总量上有一定的量，在宋元瓷器众多的釉色当中占有一席之地。

时代。宋元黄白釉瓷器时代特征不是很明确，宋元时期都有见，具有均衡性特征，很难分辨。但如果相比较而言，应该是宋代在比例上略占据优势。鉴定时应注意分辨。

窑口。宋元黄白釉瓷器在窑口上以定窑白瓷为主要特征，定窑系统白瓷中也非常多见，时代跨越宋元两代都是这样。

光泽。宋元黄白釉瓷器光泽特征十分明确，以淡雅、柔和为显著特征，油性光泽浓郁，通体闪烁着柔媚淡雅的非金属性油脂光泽。鉴定时应注意分辨。

精致程度。黄白釉色与精致程度的关系在宋元时期并不是特别明显，在黄白釉瓷器中精致、普通、粗糙者都有见，但从发掘的情况来看，精致瓷器比较少见，主要以普通和粗糙瓷器为主，尤其以普通白瓷为显著特征。

流行程度。宋元黄白釉瓷器十分流行，在时代上贯穿于整个宋元时期，在比例上较为均衡；在地域上“通销全国”。使用阶层无论是上流社会还是市井之中都有见。

▲图 3-15　黄白釉白瓷罐　宋代

青白釉

色彩及背景。青白釉色在色彩上比较容易理解，就是青色与白色的融合，这一色彩在隋唐五代时期就较为常见，但一直未烧制成熟，在呈色上不是很稳定，直到宋代景德镇窑才烧造出了较为成熟的青白釉色，基本不见串色，非常的稳定，显然已经是一种独立的色彩（图 3-16）。从此青白瓷登上历史舞台，成为宋元白瓷中的重要一极。

数量。宋元青白瓷在数量上特征十分明确，总量较大，墓葬和遗址当中都有见，墓葬出土以 1 到几件为常见，遗址出土数量多一些，以城址和窑址出土为主，在一

▲图 3-16　青白釉瓷钵　宋代

些城址之上每次发掘都能见到数十件的情况，有时还要更多一些，这说明了青白釉在宋元时期的数量上十分丰富，但显然还未达到像真正传统白瓷那样的规模，鉴定时应注意分辨。

时代。青白瓷具有鲜明的时代特征，宋元时期都非常流行，从数量上看二者基本相当，但是从比例上看，元代比例要大一些。

窑口。宋元青白瓷在窑口上特征很明确，著名的定窑白瓷并不生产，至少目前很少发现，以景德镇窑的生产为主要特征，或者说以受到景德镇窑影响的瓷窑生产为显著特征。乡村小窑场很少见。鉴定时应注意分辨。

光泽。宋元青白釉的白瓷在光泽上以素雅著称，淡雅柔和，有一定的油性光泽，通体闪烁着非金属的油性光泽。鉴定时应注意分辨。

精致程度。青白釉在宋元时期与精致程度的关系不紧密，但有一定的关联，虽然精致、普通、粗糙者都有见，但从数量上宋元时期不是很均衡，宋代以精致瓷器为显著特征，普通瓷器次之，粗糙瓷器比较少见；而元代则是以普通和粗糙瓷器为显著特征，特别是粗糙瓷器时常有见，精致瓷器在数量上很少见。

流行程度。宋元青白釉瓷器十分流行，贯穿于整个宋元历史时期；在地域上“通销全国”；在使用上无论贵贱通用之。鉴定时应注意分辨。

第三节 明清白瓷

白釉

色彩及背景。明清时期白釉在色彩上继续延续传统，但缺少的是波澜，相当的平静（图 3-17），严重的偏色也不多见，固定化的趋势尤为明显，几乎不见有尝试性作品。明清白瓷之所以会出现有着深刻的社会渊源关系，因为明清时期白瓷实际上已进入不到像青花瓷那样的主流市场，而是走向了更远的乡野之间，以量和微利生存，失去了关注，这极大地打击了白瓷在色彩上的继续创新。

数量。白釉瓷器的数量在明清时期比较多，但有着相当程度的地域性限制，在一些乡村，白瓷数量占据绝对统治地位，但在城市传统的白瓷数量逐渐递减，递减的程度和城市的大小、繁华程度有关，这种数量上的特征我们在鉴定时应注意分辨。

时代。白瓷在明清时期时代特征并不明晰，明清两代由于时代大背景基本相当，

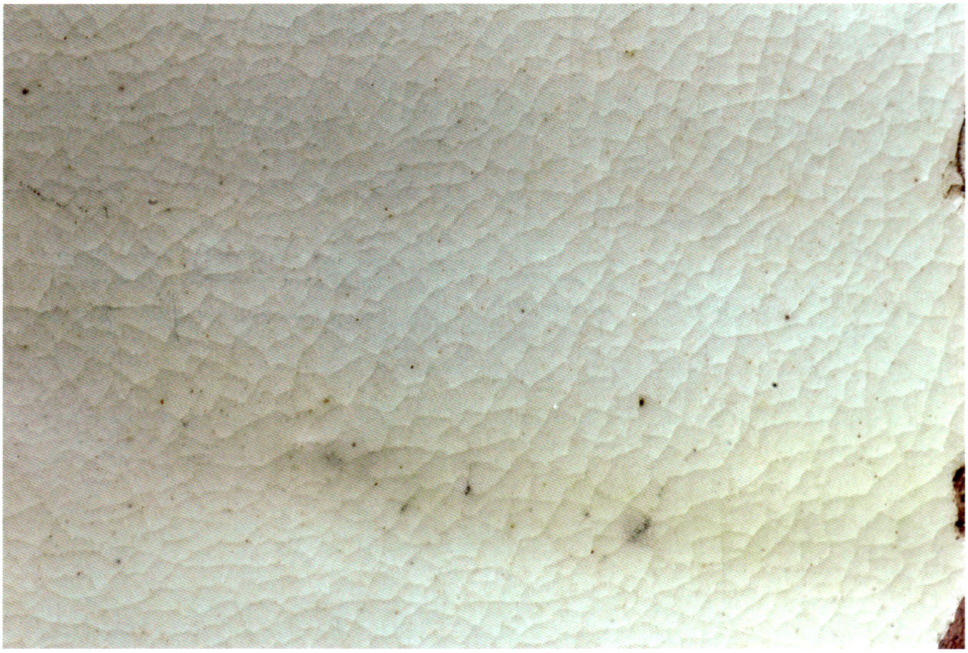

▲图 3-17　普通白瓷釉面　明代

▲图 3-18　光泽淡雅的白瓷标本　明代

说明白瓷生活的环境没有改变，在这种背景之下没有过于规律性的特征。鉴定时我们要注意分辨。

窑口。明清白瓷窑口特征较为模糊，同时也十分的复杂，受到窑系的影响比较大，但明清时期没有形成自己特有的风格。我们可以观测到，明清白瓷实际上既模仿唐代邢窑，又模仿宋代定窑白瓷，但只仿其形未仿其意，只是一些片段性的元素而已，鉴定时应注意分辨。主要以地方小窑场烧造的白釉瓷器为主。

光泽。白釉白瓷在光泽上特征明确，光泽淡雅，细腻、柔和，有明显的油性光泽，多数瓷器通体闪烁着非金属的淡雅光泽（图 3-18），鉴定时应注意分辨。

精致程度。明清白瓷色彩与精致程度的关系并不密切，这一点很明确，由于明清白瓷精致、普通、粗糙的界限不是很明确，基本上以普通瓷器为显著特征，所以从精致程度上看多数白釉瓷器都是普通的瓷器。鉴定时应注意分辨。

流行程度。明清白瓷流行非常广泛，特点是深入民间，在中国的山野乡村之内都有见；从使用阶层上，主要以乡村和市井使用为主，上层社会使用传统白瓷的情况很少见。鉴定时应注意分辨。

白釉泛灰

色彩及背景。白釉泛灰的色彩在明清白瓷中十分常见，这是一种传统色彩，伴随着白瓷的萌生，隋唐五代、宋元时期都有见，显然其并不是一种真正意义上的复色，白色与灰色并不对等，是以白色为主色调，在白色之中泛出灰色，这样的色彩实际上应该属于偏色的范畴，明清白釉泛灰色彩具有相当固定化的倾向，客观上已经形成了白瓷色彩的一个品类。

数量。明清白釉泛灰瓷器比较常见，墓葬和遗址内都有见，墓葬出土多为 1 到 2 件，遗址出土数量更多，看来在总量上有一定的量，在明清白瓷中占有一定的地位。鉴定时应注意分辨。

时代。明清白釉泛灰瓷器在时代特征上不是很清晰，不能区分明清时期究竟哪一个时代多，哪一个时代少，没有过于规律性的特征。鉴定时注意分辨。

窑口。明清白釉泛灰瓷器在窑口上特征明确，游离于唐代邢窑和宋代定窑的特征之间，但只是韵味而已，并没有形成影响全国的著名窑口，以不知名的地方小窑场烧造为显著特征。

光泽。明清白釉泛灰瓷器在光泽上，色泽淡雅，略暗，油脂光泽明显，失亮的情况很少见，通体闪烁着淡雅柔媚的光泽。

精致程度。明清白釉泛灰瓷器与精制瓷器几乎无缘，因为本身白釉泛灰釉就是一种釉色缺陷；主要以普通瓷器为显著特征；真正粗糙的瓷器也非常少见。鉴定时注意分辨。

流行程度。明清白釉泛灰瓷器流行很广（图 3-19），从目前发掘的情况来看，各个地区基本上都可以找到白釉泛灰的瓷器；从使用阶层上，主要在乡村市井之中流行，上层社会使用很少见。

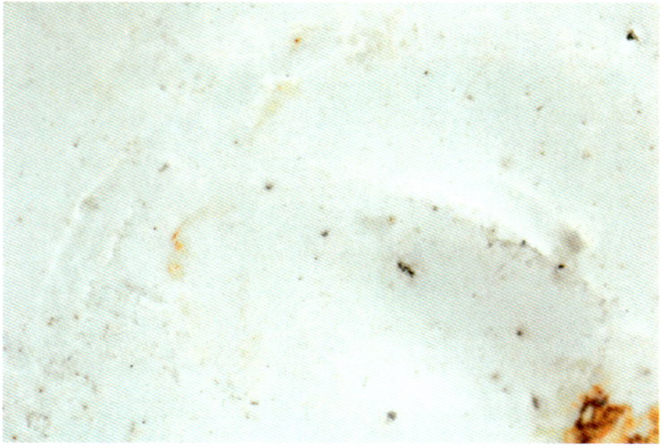

▲图 3-19 白釉泛灰标本 明代

白釉泛黄

色彩及背景。明清白釉泛黄瓷器在色彩上比较简单，以白色为基调，微泛出黄色，泛黄的程度不同，组成不同的色彩阶段，这种色彩属于白瓷的衍生色彩，而不属于严格意义上的复色，这一点从视觉上看也很清楚。当然这种色彩不是明清白瓷的发明创造，而是很古老，从白釉瓷器产生之日起就有见，直至明清时期。

▲图 3-20 闪烁着非金属油性光泽的白釉泛黄瓷器 明代

数量。明清白釉泛黄瓷器时常有见，墓葬和遗址中多有见，从件数特征上看，墓葬出土多为 1 到 2 件，遗址出土数量比较丰富，有见数十件的情况，在总量上有一定的量，但并不能占据主流地位，这一点是显而易见的。我们在鉴定时要注意分辨。

时代。明清白釉泛黄瓷器时代特征鲜明，明清两代为一体，很难区分数量的多与少。

窑口。明清白釉泛黄瓷器没有过于规律性的窑口特征，也并没有专门的窑口来生产这种瓷器，因为本身白釉泛黄这种色彩从严格意义上讲，应该属于一种窑内缺陷，这一点是显而易见的。主要以明清时期一些乡村级的小窑场生产为主。鉴定时我们应注意分辨。

光泽。明清白釉泛黄釉瓷器在光泽上特征明确，色彩较为黯淡，色泽淡雅，柔和，看起来非常的雅致，油脂光泽浓郁，闪烁着非金属的油性光泽（图 3-20）。

精致程度。明清白釉泛黄瓷器与精致程度有着密切的关系，这种在色彩上带有一定缺陷的白瓷与精致瓷器无缘；主要以普通和粗糙的瓷器为多见，在普通和粗糙瓷器之中又以普通器皿为多见。鉴定时应注意分辨。

流行程度。明清白釉泛黄瓷器较为流行，从诸多的墓葬和遗址中都发现有这种瓷器，流行区域达至全国。在使用阶层上以贫苦乡村农民为主，市井商业用瓷也占很大一部分，平民家庭主要以青花瓷为主，很少使用传统意义上的白瓷，包括白釉泛黄的瓷器，这一点我们在鉴定时应注意分辨。

第四章 窑口

第一节 邢窑

隋代虽然白瓷烧造成功，却并未出现专一烧造白瓷的窑场，但在经历短暂的隋代之后，在唐代高度发达的物质文化推动下，出现了一个主要烧造白瓷的邢窑。邢窑迅速发展，成为唐五代时期烧造白瓷的名窑。其产品“通销全国”（图 4-1），正是由于邢窑的发展，在唐代形成了“南青北白”的瓷业格局。邢窑的窑址在今天的河北内丘一带,并以内丘一带为中心向周边扩散。从数量上看,墓葬和遗址都有见,在总量上规模比较大，基本上可以占到整个唐五代时期白瓷的大部。在时代上，邢窑具有鲜明的时代特征，是大唐盛世的产物，唐代烧造达到鼎盛，五代时期主要延续唐代。邢窑白瓷在精致程度上并非整齐划一，而是分为精致白瓷、普通白瓷、粗糙白瓷，由于其强烈的民间窑场气息，在比例上相当。从器形上看，邢窑白瓷器物造型十分丰富，如碗、盏、托、盘、碟、盒、注子、唾壶等都常见，但在比例上以碗盘为主。从纹饰上看，邢窑白瓷在纹饰上十分黯淡，很少见到有饰纹的装饰，邢窑白瓷主要是以釉质取胜。从釉质上看，邢窑白器以釉质细腻、润泽、滋润、略厚、稠密为显著特征，通体闪烁着非金属的淡雅光泽。产生著名的以雪白釉为代表的猪油

▲图 4-1　精美绝伦的邢窑玉璧足白瓷碗　唐代

▲图 4-2 邢窑玉璧足雪白釉瓷碗 唐代

白、乳浊白釉等色彩的瓷器，雪白釉瓷器在釉色上达到了尽头，历代未有超出者（图 4-2）。其他釉色也都达到了相当高的水平。从胎质上看，邢窑白瓷在选料上十分考究，选料精良，滔洗精炼，瓷化程度高，许多精致白瓷讲究“身心一致”的文化内涵，胎色与釉色实现了“内外一致”，总之邢窑白瓷在胎体上达到了相当高的水平。从流行程度及影响上看，邢窑白瓷的影响是深远的，是唐五代时期市场上的主流瓷器，真正实现了“通销天下”，无论宫廷还是普通百姓家都有使用。鉴定时要注意分辨。

第二节 定窑

定窑是宋元时期主要烧造白瓷的窑场，其窑址在今天河北省的曲阳县，因曲阳在唐时属定州而得名，为宋代官哥汝定钧五大名窑之一。下面我们来看其主要特征：

渊源。定窑的前身是河北曲阳窑，在唐代就存在，但不是以烧造白瓷为主，黑瓷、绿定等都有烧造，但随着邢窑的衰落，客观上需要一个新的取代邢窑的主烧白瓷的窑场，曲阳窑发现了机会，迅速调整了烧造重点，对邢窑白瓷胎体和釉质进行了大胆革新，使胎釉变薄，有效降低了成本，迅速占领市场。不过从出土器物看，北宋定窑瓷器与邢窑白瓷有许多相似之处，显然是在继承邢窑的基础之上烧造而成，因此定窑与邢窑实际上存在着继承和革新的关系。鉴定时应注意分辨。

时代。定窑从北宋开始主烧白瓷（图 4-3），在技术上迅速达到鼎盛，南宋、金烧造正酣，终于元代。

造型。定窑是一个巨大的民间窑场，其所烧造的都是人们日常生活当中的用具，因此造型异常丰富，囊括生活当中的方方面面，如碗、盘、碟、盏、注子、罐、壶、瓶、熏炉、盒等都有见，其中以碗、盘、碟、罐等器皿为最常见，特别是碗的规模

▲图 4-3　定窑白瓷碟　宋代

▲图 4-4　鱼纹白瓷标本　宋代

非常大，这些说明定窑白瓷真正为当时老百姓实用的器皿。

纹饰。从宏观上看有纹的定窑白瓷并不占优势，白瓷依然坚持着自唐代以来在装饰上的主流，但定窑白瓷并不排斥纹饰，而且在纹饰上进行了诸多的尝试，开创了白瓷纹饰相对繁荣的局面。如从题材上看，纹饰题材大为增加，常见的主要有弦纹、梅花、孔雀、牡丹、篦纹、鱼纹、折枝花卉、水波纹、各种几何纹等，可谓是种类繁多，但程式化较为严重，主要以花卉、鱼纹等为显著特征（图 4-4）；在构图上以简洁为特征，多数纹饰并不复杂，以刻划为主，很多是寥寥几笔就勾勒而成，印花图案多繁缛，但程式化过于严重。

釉质。定窑白器在釉质上以薄釉和较薄釉为显著特征，能够很明显地感觉到与唐代相比釉层变薄了许多；另外在釉质上以稀薄为多见，很多器皿在釉质上不仅稀而且薄，可以透过釉质隐约或者清晰地看到胎体的色彩或者是化妆土；釉色以象牙白为最，灰白、青白、黄白、白釉泛黄等各种釉色并存，色彩稳定，成熟度比较高；釉质细腻、杂质多被控制在一定的范围之内，温润，闪烁着淡雅的油性非金属光泽，多数美轮美奂。

▲图 4-5 白瓷碗 宋代

工艺。定窑白瓷从北宋后期开始多使用覆烧工艺，覆烧的器皿以碗、盘等居多，由于覆烧工艺，器物扣合在一起烧造，增加了产量，降低了成本，但缺点是口部多无釉，称为“芒口”。故有《负喧杂录》说“定州白瓷有芒不堪用。”这是定窑白瓷的一个重要特征，所以往往在定窑白瓷口沿处滚以金、银、铜边圈等。鉴定时应注意分辨。

功能。定窑白瓷主要为人们日常生活当中的用具，在功能上主要以实用为主，但实用与装饰的功能形影相随，如“芒口”碗的产生显然是为了提高常量，降低成本，价廉满足了人们实用的需要。而镶金嵌银显然是为了满足人们装饰的需要，也就是物美的需要。像这样的例子很多，我们在鉴定时注意体味。当然以上只是从宏观上看功能是这样，实际上从微观上看定窑白瓷的功能十分复杂，大致可以分类为饮食器（图 4-5）、酒器、茶器、寝器、佛前供器等。

精致程度。定窑白瓷在精致程度上特征较为鲜明，精致、普通、粗糙者都有见，但以普通白瓷在数量上为显著特征。另外从时代上看也较为明晰，宋代定窑白瓷在质量上达到了相当高的水平，烧造态度也是极为认真，而元代定窑白瓷在烧造质量上显然有下降的趋势，粗糙白瓷的数量有所增加。鉴定时应注意分辨。

窑系。定窑白瓷的影响是巨大的，在宋元时期形成了巨大的瓷窑系统，地域广及全中国，今天在扬州等地也发现了诸多当地窑场生产的定窑风格的白瓷；窑系特征是多仿烧定窑，但并不是刻意的模仿，而是不同窑场各自形成了自己独有的风格，可谓是百花齐放、百家齐鸣，直到今天我们的白瓷烧造技术依然是带有太多的宋元遗风，看来定窑白瓷在中国陶瓷史上留下了最为浓重的一笔。

第三节 明清窑场

明清白瓷窑口特征比较复杂，从大量的实物标本来看，传统的白瓷在进入明清时期之后，虽然被青花瓷排挤出主流市场，但是其烧造方法依然是延续传统，我们不能说明清白瓷在窑口上依然是属于定窑系统，因为定窑系在元代惯性基本上已经待尽，但我们也不能说明清白瓷不受到自宋元以来强大定窑白瓷的影响，这显然也是不可能的，明清白瓷事实上的确继承了相当多定窑元素（图 4-6）。但与定窑不同的元素是什么呢？显然也是传统，如釉质稠密的元素，很明显是对著名邢窑的继承，其实还有很多对于邢窑白瓷元素的继承。由此可见，明清白瓷在窑口上是在对传统邢窑和定窑继承的基础上，又加之时代的元素拼合而成，其实创新的东西很少，这就是明清白瓷在窑口上的基本特点。也正是因为如此，白瓷在明清时期并没有形成有代表的著名窑口，而是盘散沙，分散存在，乡村级的小窑场星罗棋布，散落在当时中国小山村或者是村镇。然后以村镇为中心向周边扩散，但扩散范围很有限。鉴定时注意分辨。

▲图 4-6　白釉瓷器标本　明代

第五章 造型

第一节 隋唐五代白瓷

口部

1、敞口。敞口是指口部外张比较大的口部特征。从器形上看，隋唐五代白瓷敞口的造型十分普遍，如碗、盘、碟、壶等都常见，以白瓷碗为最多（图 5-1）。隋唐五代白瓷在造型上衍生性很强，常见的主要有大敞口、小敞口、微敞口等，其中以微敞口为最常见。隋唐五代白瓷在功能上比较有利于盛器的散热，如碗盘等，进而逐步演变成为一种习俗，在瓶等陈设观赏器皿上都有使用。从流行程度上看，隋唐五代白瓷流行程度非常之广，贯穿于整个隋唐五代时期；地域横贯"大江南北"、"大河上下"；无论平民还是贵族都有使用。

▲图 5-1　敞口白瓷碗　唐代

▲图 5-2　敛口白瓷罐　唐代

2、侈口。侈口的形制顾名思义有一个向外侈的过程。从器物造型上看，隋唐五代白瓷侈口特征比较明显，几乎所有的器物造型都涉及侈口的口部特征，如碗、壶、罐、炉、盘、瓶等，器物造型繁多，但在使用的频率上会有较大区别，通过众多的实物观测，应该主要以碗、盘、碟、盏等为显著特征。从衍生造型上看，隋唐五代白瓷侈口在衍生性上比较强，如大侈口、小侈口、微侈口等都常见，可见中国古代白瓷在侈口造型上是不断地尝试，力求突破。从功能上看，侈口的隋唐五代白瓷主要以日常用具为主，便于散热，如，碗、盘等；其装饰性的功能居于次要地位。从流行程度上看，侈口的白瓷流行程度非常之广，在时代上贯穿于整个隋唐五代时期；在地域上“通销全国”；在流行阶层上，无论宫廷还是市井都有见。鉴定时应注意分辨。

3、敛口。敛口的形制有一个内敛的过程（图 5-2）。敛口的隋唐五代白瓷在器物造型上十分丰富，以碗、盘、瓶、灯等为常见。衍生造型受多种因素影响，如大敛口、小敛口等都常见，可见隋唐五代白瓷在造型上是一个不断探索和尝试的过程。隋唐五代白瓷在功能上与散热的关系并不大，所谓敛口只是一场视觉盛宴，如白瓷碗并不影响进食功能。敛口的隋唐五代白瓷从流行程度上看，由于碗的出现频率较高，注定其在流行程度上范围之广大，各个时代都有见，墓葬中多见 1 到 2 件，数十件者也有见，虽然总量与敞口等还有差距，但流行程度几乎无异。

4、花口。像花儿一样的美丽的口部造型即为花口，俨然是隋唐五代白瓷中最美丽的符号。从器形上看，隋唐五代白瓷花口造型以碗、盘、碟等为常见，在出现频率上也是较具均衡化特征。隋唐五代白瓷花口造型以花瓣形为显著特征，如葵花，可以分为六曲和十曲，当然也有其他的数字组合。从功能上，花口的隋唐五代白瓷显示了实用与装饰的完美结合，怒放的花瓣，给人以一种较强的视觉冲击力，实用与装饰的功能兼备。从流行程度上看，花口的隋唐五代白瓷在各个历史时期都有见，不过显然是以唐代为最多，五代数量不及唐代，隋代数量最少。其影响十分深远，通销天下。

5、直口。隋唐五代白瓷直口并非几何意义上的造型，为视觉的盛宴，以视觉为判断标准。从器形上看，隋唐五代白瓷直口以碗、盘、杯、盒等为多见，比例上主要以盒为最常见(图 5-3)。从衍生造型上看，隋唐五代白瓷直口衍生造型十分丰富，主要可以衍生为近直口、小直口、大直口等，判断的标准主要以视觉为标准。从功能上看，隋唐五代白瓷直口在功能上比较复杂，以实用为主，兼具有装饰的功能。从流行程度上看，直口的隋唐五代白瓷在流行程度上非常之广，以唐五代时期为最常见，地域广及全国。鉴定时应注意分辨。

6、子母口。隋唐五代白瓷子母口的造型十分常见，子母口的造型顾名思义，有一个子口和一个母口，二者可以扣合在一起。从器形上看，隋唐五代白瓷子母口的器物造型特征十分明确，以白瓷盒为主，其他器皿也有见，如坛、炉、钵等。从衍生造型上看，隋唐五代白瓷子母口很少见有衍生性造型，这与其实用的功能有关，如果造型随意衍生，那么子口和母口很有可能无法扣合在一起，从而影响到实用。在功能上白瓷子母口功能明晰，以实用和装饰的结合为显著特征，如有相当一部分白瓷盒是作为粉盒在使用，但同时又是做工精绝的艺术品。从流行程度上看，隋唐五代子母口的白瓷在隋唐五代时期十分流行，但相对而言，隋代数量少一些；地域南北方通用之；无论宫廷还是民间都有使用。

7、大口。大口是一个口部大小的概念，以视觉为标准，隋唐五代白瓷大口的造型十分丰富，以碗、碟、盘等最为常见，实际上任何一种造型都有可能是大口。在衍生性上，大口的造型实际上衍生是无限的（图 5-4）。从功能上看，隋唐五代

▲图 5-3　直口白瓷盒　唐代

▲图 5-4　大口白瓷碗　唐代

大口的白瓷以实用为主，多为盛器，兼具有装饰的功能。从流行程度上看，大口的隋唐五代白瓷流行程度非常之广，广及全国，宫廷与市井之中共用。鉴定时应注意分辨。

8、小口。小口顾名思义就是比较小的口部造型，这也是非几何意义上的，为一场宏大的视觉盛宴。从器形上看，隋唐五代小口的白瓷常见，以瓶、唾壶、罐等器物造型为显著特征，如唐代邢窑白瓷唾壶，其口部造型非常之小。从功能上看，小口的隋唐五代白瓷功能清晰，实用与装饰并重，还如唐代的唾壶，其口部可以说是小到了极点，这显然是为了实用的目的，当唾液流入唾壶的之后，不再被人们看到污秽，这样小口又是艺术的，造型隽永，精美绝伦。从流行程度上看，隋唐五代白瓷流行程度非常之广，如，邢窑白瓷真正实现了“通销天下”的梦想。鉴定时应注意分辨。

▲图 5-5　撇口白瓷执壶　唐代

9、撇口。撇口有一个明显向外撇的过程，隋唐五代白瓷器物造型比较丰富，常见的主要有碗、盘、碟、盏等，这几种造型出现频率都比较高（图 5-5）。从衍生造型上看，隋唐五代白瓷撇口衍生造型比较丰富，常见的主要有口微撇、撇口较甚等。从功能上看，撇口的隋唐五代白瓷以实用和装饰的结合为显著特征。从流行程度上看，白瓷撇口的造型各个时期都有见，地域广及全国，今天各地的墓葬和遗址当中都有出土，总量巨大。

10、盘口。盘口顾名思义盘形，但并非真正意义上的盘子造型，从众多的实物观测来看，只是大致造型略像而已，显然为视觉的盛宴。盘口的隋唐五代白瓷器形众多，如壶、钵、瓶、碗、盘等都有见，以盘口壶、瓶等为常见，其他器皿数量较少。隋唐五代白瓷衍生造型十分有限，多限制在体积大小，如大小盘口上、近似盘口的造型也有一些，过于偏离的造型很少见。在功能上，隋唐五代白瓷盘口是实用与装饰的完美融合，如盘口壶上的盘口之所以制作成盘子的造型，除了实用的价值外，就是要给人们一种耳目一新的感觉。从流行程度上看，盘口隋唐五代白瓷流行甚广，各地的墓葬和遗址中都有见，但从时代上看，以唐代最为多见，五代次之，隋代数量最少。鉴定时应该注意分辨。

11、喇叭口。喇叭口概念十分形象，就是像喇叭一样的口部造型，流线性较强，弧度圆润，为白瓷口部上最为张扬的造型之一（图 5-6）。隋唐五代白瓷器形特征较为明确，具有很强的选择性，多是被限制在特定的器物之上，如壶、瓶、唾壶等器皿之上就比较常见，而像碗、盘等器物造型中则很少见到。从衍生造型上看，隋唐五代白瓷喇叭口的造型在衍生性上比较强，主要依托喇叭口在体积大小上的伸缩性，如大喇叭口和小喇叭口等比较常见，判断的标准为视觉。从功能上看，隋唐五代白瓷中喇叭口的造型体现出了强烈的装饰性意味，是经过夸张后的口部造型，如白瓷唾壶所呈现出的典型喇叭口造型，实质上已经远远超越了实用的范畴。从流行程度上看，

▲图 5-6 精美绝伦的邢窑喇叭口白瓷唾壶 唐代

隋唐五代白瓷喇叭口造型是中国古代白瓷史上的一朵奇葩，但其流行的时代主要以唐代为主，五代时有见，但已不多，隋代数量最少；地域范围空前广大，扩展至全国；流行阶层无论是宫廷还是市井之中都有见。

唇部

1、造型

隋唐五代白瓷唇部特征种类十分丰富，常见的主要有圆唇、方唇、尖唇、尖圆唇、厚唇、薄唇、撇唇等，这些造型多数在形制上比较直观，无论是方唇还是尖圆唇看起来都比较形象，并没有尺寸意义上的标准。但隋唐五代白瓷在形制上已相当成熟，许多造型在形制上都达到了最佳的状态。在出现频率上主要以尖圆唇为主，其次是圆唇、尖唇等（图 5-7）。在厚薄上，以厚唇为显著特征，兼具薄唇。从衍生造型上看，隋唐五代白瓷丰富的唇部造型并非真正造型的终结，而是在这些主流的唇部造型之下还有着丰富的衍生性造型，如卷唇可以衍生为微卷、弧卷、唇沿微内卷、卷圆唇等。众多的衍生造型组成了灿若星辰的隋唐五代白瓷唇部造型。

2、数量

隋唐五代白瓷如此繁多的唇部造型数量特征复杂，各自在出现的频率上存在

▲图 5-7　尖唇白瓷碗　五代

着较大的差异性。如尖圆唇的造型，墓葬和遗址中时常有见，总量较大。而方唇可能在一般的墓葬当中就很少见，大型的遗址当中，如城址当中可能有见，其总量较小，总之不同唇部造型在总量上是各异的。而我们在鉴定时要善于观察这些差异性特征。

3、器形

隋唐五代白瓷唇部器物造型的选择比较明确，可以讲几乎所有的器物造型都有唇部，特别是对于盛器来讲，如碗（图 5-8）、盏、壶、碟、钵、瓶、盆等都十分常见，只是不同的唇部造型在器形的选择上不同而已，如方唇常见于灯、碗、壶、瓶等器皿；尖唇常见于碗、盘、盏等。由上可见，隋唐五代白瓷在唇部造型上涉及众多的器物造型，而且在不同时代和窑口内这些造型都有着不同程度的差别，但这种最基本的比例特征不会改变。鉴定时应注意分辨。

4、功能

白瓷唇部功能特征并不复杂，主要为两个方面，以实用为主，如圆唇、尖唇、尖圆唇、方唇、卷唇等实用的功能都是第一位的，典型的如白瓷碗上尖圆唇的造型完全就是为了进食而设计。二是实用与装饰的结合，体现了挺拔俊秀之美。不同的唇部在功能上多数相同，只是偶有差异性的特征。

▲图 5-8　尖唇白瓷碗　唐代

沿部

1、造型

隋唐五代白瓷沿部造型十分丰富，主要有平沿、折沿、敞沿、敛沿、撇沿、薄沿、花口沿等，这些沿部造型主要以视觉为判断标准，如，平沿的造型顾名思义就是平坦的沿部，比较直观，绝大多数为视觉的盛宴。隋唐五代白瓷沿部造型在出现频率上并不均衡，如平沿的造型相对于折沿就显得少，但相对于花口沿可能就比较常见，当然这种不均衡性还要受到不同时代和窑口的多方面因素的限制。从实物观测来看，唐五代时期在沿部特征上各个窑口差别不大，客观上也就是以邢窑独尊（图 5-9），其他的窑口多数是仿烧邢窑。从衍生性上看，隋唐五代白瓷沿部种类具有较强的衍生性，如折沿可以衍生为斜折沿、平折沿、折沿下斜、小折沿等，可见白瓷在沿部的衍生性造型上的丰富性，而也正是这些沿部衍生性造型，组成了浩瀚的隋唐五代白瓷沿部造型群。

2、数量

隋唐五代白瓷在沿部造型上数量特征十分明晰，各种沿部造型在出现的频率上差异性比较大。从厚沿与薄沿上看，隋唐五代白瓷倾向厚沿，薄沿的造型很少见。从造型上看，以折沿为比较多见，而敞沿、卷沿、敛沿、撇沿的造型数量有限。

3、器形

隋唐五代白瓷沿部在器形上比较丰富，如碗、盆、炉、盘、瓶、注、唾壶、盏等都比较常见，只是出现的频率不同而已，如平沿多选择碗、香炉、壶、盆等造型，以盆为比较常见。折沿以鼎、钵、瓶、灯、盂等为重点（图 5-10）。从时代上看，隋、唐、五代各个时期基本相似。各种沿部特征有一定的差异性，但受到时代和窑口的限制并不明显。

4、功能

隋唐五代白瓷沿部造型在功能上特征并不算复杂，主要以实用和装饰的融合为主要特征，但绝大多数情况下还是以实用为先导，如大量瓷盆上所使用的平沿，这显然是为了使用时端起来方便，其次才是其装饰的功能。鉴定时应注意分辨。

▲图 5-9　邢窑花口杯　唐代

▲图 5-10　平折沿白瓷盂　唐代

腹部

1、造型

隋唐五代白瓷在腹部特征上造型繁多，如鼓腹（图 5-11）、深腹、球形腹、折腹、浅腹、曲腹、坦腹、弧腹、圆腹、直腹、斜腹等都有见，可见其种类的确是多而繁杂，但这只是主流。从出现的频率上看并不具有均衡性的特征，而是参差不齐，不同时代和窑口之间各不相同，只是差距大与小的问题。从形制上看，中国古代白瓷鼓腹在形制并未显示出复杂化的趋势，以简单为主要特征，这可能与其主要作为实用器皿的功能有关，无论是鼓腹还是鼓腹的衍生造型，在造型上表现出来的都是比较直观，以视觉为判断标准，看来应为视觉的盛宴。从衍生性上看，中国古代白瓷腹部的造型异常复杂，在主流造型的基础之上还有着众多的衍生造型，以鼓腹为例，常见的衍生性造型有：微鼓腹、近鼓腹、扁鼓腹、大鼓腹、鼓腹较小、弧鼓腹、瓜棱鼓腹等；其他腹部特征也是这样，可以衍生出众多的更为复杂多样的造型，但这些衍生造型通常情况下都不会超越其主流造型的范畴，正是这样白瓷在腹部造型上不断衍生，对各种腹部造型进行了尝试，丰富至极，组成了一个庞大的造型世界。

▲图 5-11　鼓腹白瓷罐　唐代

2、数量

隋唐五代白瓷腹部造型在数量上有一定的差异性，这一点是显而易见的，如鼓腹及其衍生造型的数量非常之多，而球形腹的造型则非常之少。从出现的比例上看，以鼓腹、浅腹、深腹为最常见；弧腹、斜腹等数量比较多；直腹、折腹、敞腹、球形腹、瓜棱腹（图 5-12）、曲腹等在数量上则是非常少。从时代上看，隋唐五代白瓷腹部数量特征并不复杂，不存在哪个时代过多和过少的问题，而是表现出较为均衡化的特征。从窑口上看，隋唐五代白瓷腹部造型数量基本不受窑口限制，不同时代和窑口流行情况基本相似。鉴定时注意分辨。

3、器形

隋唐五代白瓷腹部造型在器形的选择上的并没有过于复杂的特征，主要以实用为显著特征，如白瓷盒的腹部只能是直腹，不太可能是夸张的弧腹或是球形腹，因为这样的造型不利于白瓷盒功能的发挥。另外，白瓷碟的腹部基本上都是以浅腹为特征，深腹的可能性不大，过多例子不再赘举。看来隋唐五代白瓷腹部在进行器物造型选择的同时就是这样，首先是以实用为先导。其次是与装饰的功能相互结合，如隋唐五代的白瓷球腹碗，这是一种难度较高的腹部造型，其实纯粹从实用的角度没有必要这样做，加深碗的深度也可以达到盛物比较多的功能，但从众多的证据考证，其实球形腹碗之所以制作出这样高难度的动作，目的很明确，就是为了在造型上“取异”的需要。由这个例子，白瓷腹部与器形之间的密切关系显然已被表述得淋漓尽致，过多不再赘述。从具体时代上看，各个时代没有表现出较强的差异性特征（图 5-13）。鉴定时应注意分辨。

4、功能

隋唐五代白瓷如此丰富的腹部造型在功能上却较为简单，主要以实用为显著特征，兼具装饰功能，如白瓷碗不同的腹部特征实际上反映的是不同的功能，深腹白瓷碗是为了盛放多的饭食；而深鼓腹造型显然是为了盛放更多的饭食。再如斜腹的白瓷盏显然是一种茶具，斜腹的造型并不纯粹是为了实用的需要，因为斜腹并没有鼓腹所盛放的功能强大，但它向人们昭示的是一种意境美，突出的是装饰性功能，这就是白瓷在漫长的发展历程当中功能所发生的异化，目的是为了吸引人们的眼球。

▲图 5-12　瓜棱腹白瓷罐　唐代

▲图 5-13　花形腹白瓷碗　唐代

底部

1、造型

隋唐五代白瓷造型主要以平底为主（图 5-14），这与白瓷主要作为日常生活用具，而且主要是盛器有关，如白瓷盘的底部通常都应该是平整的，不然会影响到其实用的价值，其他诸多器皿在造型上基本与此二例相似。鉴定时要注意分辨。当然除了平底以外也有其他的底部特征，如圜底就时常有见，不过圜底造型被严格限定在了一些器皿之上，如白瓷炉等器皿。从形制上看，隋唐五代白瓷底部形制最为简单，平底和圜底可代言，但它们显然都是视觉的盛宴，平底并非平衍，圜底并非像锅一样的底部，而只是形制大致相似而已。从衍生造型上看，圜底的衍生造型并不是很丰富，所谓的衍生造型主要以各种各样的平底为主，如，平底根据大小，可衍生成大平底、普通平底、小平底。而根据衍生性可划分为平底内凹、平衍、微凸的造型等。从精致程度上看，隋唐五代白瓷中精致瓷器多为底部平衍之器皿，但底部平衍之器却并非都是精致之器，而是普通和粗糙者都有见。平底微凹和微凸的造型与精致白瓷基本无缘，只有很少量的是精致瓷器，基本以普通和粗糙的瓷器为主。鉴定时应注意分辨。

▲图 5-14　平底白瓷罐　唐代

▲图 5-15　平底微突的白瓷碗标本　唐代

2、数量

隋唐五代白瓷底部造型在数量上特征比较明确，平底造型在数量上占据绝对优势，墓葬和遗址都常见，墓葬多为 1 到几件，遗址内出土数量多达千件之多，可见其总量之庞大。圜底及其他异形底造型在数量上比较少见，与平底相比几乎可以忽略不计。鉴定时注意分辨。

3、器形

隋唐五代白瓷底部造型与器物造型的关系明确，平底的造型涉及器物众多，如碟、坛、碗、盏、盘、罐、瓶、盆等都有见；圜底的造型涉及造型有限，以炉等为比较常见，其他器皿很少见。看来在器物造型的选择上主要以平底为显著特征。只是衍生造型所涉及的主要器形不同，如白瓷碗底部大平底、普通平底、小平底、平底内凹和微凸的情况都有见（图 5-15），而斗笠型白瓷盏的底部基本则是以小平底为显著特征，其他的底部特征很少见。鉴定时应注意分辨。

4、功能

隋唐五代白瓷底部造型在功能上主要以实用为主，如碗、盘、碟、罐等诸多盛器上的平底，主要功能显然是为了保证其实用性的有效发挥。衍生造型也是这样。其次是装饰的功能，隋唐五代白瓷底部特征在实用的基础上装饰的功能肯定存在，如唐代玉璧形的足部，其底的圆形犹如玉璧的内孔，担负着辅助造型的功能。从时代上看，在白瓷史上多数白瓷底部在功能上具有实用和装饰的双重功能，只不过不同的时代双重功能在比重上略有区别而已。鉴定时要注意分辨。

足部

1、造型

隋唐五代白瓷足部造型比较复杂，以圈足（图 5-16）、饼足、花形足、尖状足、山字形足、玉璧足、蹄形足、小饼足等为主，可见其在足部造型上较为繁多。不过白瓷足部形制特征比较明晰，主要是以直观视觉为标准，如花形足实际上真的像花形一样；饼足真的就像是烧饼一样的圈足，可见隋唐五代白瓷足部造型多为顾名思义，完全是一场视觉盛宴。从衍生造型上看，隋唐五代白瓷在衍生造型上十分丰富，在主流造型之下多数可以继续衍生，如，圈足的造型可以衍生出大圈足、小圈足、高圈足、矮圈足、薄圈足、方圈足、敛圈足、斜直圈足、环状圈足、假圈足、喇叭状圈足、近饼形圈足、宽圈足等，正是由于白瓷足部造型的衍生性，组成了蔚为壮观的隋唐五代白瓷足部造型群。当然也有少量的白瓷造型衍生性很弱化，典型的如

▲图 5-16　圈足白瓷碗　五代

玉璧足等，因为玉璧的造型是有严格礼制限制的，如《尔雅·释器》中“肉倍好谓之璧，好倍肉谓之瑗”“好”是指当中的孔，“肉”是指周围的边。所以玉璧的造型不能随意延伸，一旦在发生衍生造型，可能就不能称之为玉璧形足了。这一点我们在鉴定时应注意分辨。

2、数量

隋唐五代白瓷足部特征数量特征比较清晰，显然是以各种各样圈足的数量为最大，大多数墓葬当中发现的白瓷标本都是圈足的，我们来看一则山东临沂市药材站发现两座唐墓的实例，“瓷碗 1 件 (M2:1)。敞口，圆唇，浅腹，矮圈足”。遗址出土器物也是这样。所以可以这样讲隋唐五代白瓷中圈足所占据足部特征的数量可以达到总量的一半以上，甚至更多。这一点我们在鉴定时要注意分辨。其他足部特征，如花座足、饼形足、脊背形足、尖状足、乳足、兽足、蹄形足、卧足、玉璧足、支足（图 5-17）等也有一定的量，但与总量相比显然是微不足道的，在这些足部造型中玉璧足、饼足的造型在数量上有一定的量，特别是在唐五代时期表现十分突出。这些足部造型的白瓷通常在墓葬和遗址内少见，偶见有也多为 1 到 2 件，偶见的成分很大。从窑口上看，隋唐五代白瓷在数量上窑口上具有鲜明的特征，特别是某些足部造型表现十分明显，如玉璧足的造型在邢窑白瓷中就十分常见，而在其他窑口则没有如此明显。

▲图 5-17　三支足白瓷罐　唐代

3、器形

隋唐五代白瓷中不同的足部造型会选择相应的器物造型，这一点毋庸置疑，但这种规律性特征显然是必须经过梳理才能逐渐清晰。在白瓷中总量最大的无疑是圈足及其衍生性造型，几乎占到整个白瓷的一半以上，而圈足中最常见的器皿就是碗、

▲图 5-18　圈足花形白瓷碗　唐代

盘、碟等生活用品，其中尤以白瓷碗的数量为最，在各种器物造型之中为魁（图 5-18）。当然除了圈足之外，其他各种足部造型在白瓷器皿上出现的频率有一个比较大的落差，如玉璧足多是在唐代邢窑精致白瓷碗上出现；乳足多是在白瓷炉、罐等特有的器物造型之上出现，同样蹄形足也是这样。饼足唐代最常见，五代时期略逊，但隋代就很少见到。鉴定时应注意分辨。

4、功能

隋唐五代白瓷足部在功能上主要以实用和装饰功能的结合为主，如圈足和饼足实用的功能都很明显，饼足底部平衍、厚实，具有放置平稳的功能；而圈足在功能上不仅平稳，而且具有隔热功能。但如玉璧足造型如同玉璧一般，精益求精，宽的玉璧足最有效地保证了其稳定性，但显然其目的不完全是为了实用，而是具有一定的装饰性意味。从精致程度上看，隋唐五代白瓷足部在功能上没有明确的关联，如邢窑白瓷中精致者多见玉璧足，普通白瓷中也有见，甚至粗糙的白瓷中都有见，但在数量和比例上有着相当大异同，精致白瓷玉璧足数量较多，普通和粗糙者少见。

第二节 宋元白瓷

口部

1、敞口

宋元白瓷敞口的造型有见，从器形上看十分丰富，如碗、盘、碟、壶等都常见，从数量上看以白瓷碗最多（图 5-19）；从比例上看，白瓷碗、盘、碟、壶等都很丰富。从造型上看，宋元白瓷敞口在造型上衍生性很强，常以大敞口、小敞口、微敞口等形式出现，从出现的频率上看基本相当。从功能上看，敞口比较有利于碗盘等散热，但从实际情况来看，这就是一种造型，散热的功能相对退居到了次要地位。从流行程度上看，宋元白瓷流行通销全国，成了老百姓普遍通使用的器皿的造型。

2、“芒口”

“芒口”之所以加上引号，是因它只是称谓，而并不是一种造型，芒口的工

▲图 5-19　敞口白瓷碗　宋代

▲图 5-20　侈口白瓷碗　宋代

艺是其烧造工艺的改变，而在宋元时期的定窑白瓷中首先形成，自北宋开始定窑发明覆烧工艺，覆烧工艺使得许多器皿，如碗、盘等口部无釉，这是一种缺陷，但有利于提高产量，降低成本，所以定窑坚持使用，但定窑白瓷常在口有芒处镶嵌金、银、铜等，反而使器皿更加华丽，由缺陷变成了一种美。从造型上看，“芒口”几乎能够囊括所有定窑白瓷中的口部造型，如，敞口、敛口、侈口、直口、大口等都常见，这是由其固有特性所决定的。从功能上看，“芒口”白瓷在功能上实用与装饰的功能兼备，高贵典雅，精美绝伦。从流行程度上看，“芒口”白瓷器皿影响十分深远，在宋元时期都有见，主要以宋代定窑白瓷中最为常见，宋代数量大为减少。但其几乎成了定窑白瓷中的标志性特点。在使用阶层上，在宋代无论宫廷还是市井都有见。鉴定时应注意分辨。

3、侈口

宋元白瓷侈口的造型时常有见，墓葬和遗址内都有出土，从件数特征上看，墓葬出土多为 1 到数件，遗址出土规模巨大，总量有一定的规模，在宋元白瓷口部特征中占有一定的地位。从器形上看，宋元白瓷侈口的造型比较明显，相当多的器形都涉及侈口（图 5-20），如碗、壶、罐、盘、瓶等，在使用的频率上有一定区别，但从比例上看，基本上处于均衡的状态；从数量上看，以白瓷碗最为多见。从衍生造型上看，宋元白瓷侈口有一定的衍生性，如大侈口、小侈口等常见，可见宋元白瓷在侈口造型上是不断地尝试，力求突破。从功能上看，宋元侈口的白瓷主要以日常用具为主，少数器皿有见与装饰性结合较为紧密的现象，如白瓷瓶等。从流行程度上看，侈口的白瓷为宋元时期人们日常生活当中的实用器皿，全国各地都有见，无论上流社会还是市井之上都有见。鉴定时应注意分辨。

4、敛口

宋元白瓷敛口的造型时常有见，器形十分丰富，以碗、盘、瓶、灯等为多见。从衍生造型上看，以大小敛口为常见，可见宋元白瓷在造型上显然不满足现状，在不断地探索和尝试。从功能上看，宋元白瓷与散热的关系不大，敛口只是一场视觉盛宴（图 5-21）。从流行程度上看，敛口的宋元白瓷十分流行，通销全国，各个时代都有见，无论贵贱通用之。鉴定时注意分辨。

5、花口

宋元白瓷花口造型时常有见，但从总量上看比较少，与整个白瓷相比几乎可

▲图 5-21　敛口白瓷盒　宋代

以忽略不计，只能算做是白瓷口部特征的一种点缀。从器形上看，花口的宋元白瓷器物造型丰富，主要以碗、盘、碟等为常见，在出现频率上没有过于规律的特征，偶见性比较强。从形状上看，宋元白瓷花口造型以简洁为主，多是简单的花瓣，如葵花等都比较常见，并不写实，略得大意而已。在从功能上，花口的宋元白瓷在功能上显示了实用与装饰的完美结合，给人较强的视觉冲击力，带来视觉的盛宴。从流行程度上看，花口的白瓷在宋元时期比较流行，各个历史时期都有见，不过显然宋代的数量比元代要多。鉴定时注意分辨。

6、直口

宋元白瓷直口的造型有见，但直口并非笔直的口部造型，而多为视觉的盛宴，以视觉为判断标准。从数量上看，墓葬和遗址内都有见，墓葬多以 1 到 2 件为显著特征，遗址出土数量多一些，但成百上千的数字很少见，由此可见，直口的宋元白瓷在总量上并不是很大。从器形上看，宋元白瓷直口主要以碗、盘、杯、盒等多见，在出现的频率上无疑以白瓷盒为最常见。从衍生造型上看，宋元白瓷直口衍生造型主要以微直口、小直口、大直口等为多见，显然微直口是造型上的衍生；而小直口和大直口是体积概念上的衍生，这一点我们在鉴定时要注意分辨，但判断的标准显然是视觉。从功能上看，宋元白瓷直口的造型比较复杂，功能以实用和装饰的结合为主要特征，如白瓷杯，多数为直口的造型，其实与杯实用的功能不谋而合。从流行程度上看，直口的宋元白瓷流行程度比较广，地域广及全国，流行阶层上流社会和市井之上兼有。鉴定时应注意分辨。

7、子母口

宋元白瓷中子母口的造型十分常见。宋元白瓷盒，依然是继承了唐代白瓷盒的特征，多数为子母口的造型，盖体之间可以相互严实地扣合在一起（图 5-22）。从器形上看，宋元白瓷子母口的器形十分明确，以白瓷盒为最常见，其他如坛、炉、钵等也有见，但数量很少。从衍生造型上看，宋元白瓷盒中的子母口衍生性比较差，这与其实用的功能有关，如果随意地衍生造型，那么子口和母口的扣合自然不严实，会影响到实用的价值。在功能上以实用为显著特征，装饰起着辅助的作用，如白瓷盒是作为粉盒在使用，同时又是精美的艺术品。从流行程度上看，宋元子母口的白瓷十分流行，各地宋元墓葬当中都有发现，在地域销售到全国，上流社会和市井之上都在使用。

8、大口

宋元白瓷大口的造型时常有见，墓葬和遗址内都有发现，从总量上看有一定的规模，判断的标准以视觉为标准，看来大口为宋元白瓷中最主要的口部造型之一。从器形上看，宋元白瓷大口的造型十分丰富，以碗、碟、盘等为最常见，其他的器皿偶有见。在衍生性上，宋元大口造型衍生造型很多，如较大口、口微大、大敞口、大侈口等都有见。从功能上看，宋元大口白瓷功能主要以实用和装饰的融合为显著特征。从流行程度上看，宋元大口白瓷数量非常丰富，流行范围遍及全国，上流社会与市井之上都有见。鉴定时应注意分辨。

9、小口

小口顾名思义就是口部较小的造型，其判断的标准主要为视觉。从器形上看，宋元小口的白瓷以瓶、唾壶、罐等器皿为常见（图 5-23），如宋代白瓷唾壶，基本上延续了唐代造型，其口部造型非常之小；白瓷瓶的口部造型也是这样，口部非常小，大口中少见，这与其盛放液体的功能有密切关系。从功能上看，宋元白瓷中小口的造型在功能上主要以实用为主，但兼具有装饰的功能，如瓶口往往做成小直口的形状，看起来挺拔俊秀；唾壶的口部加上宽大沿部显然是为了突出小口，这样极限的对比，使其产生了众多美的元素。从流行程度上看，宋元小口白瓷流行程度非常之广遍及全国，在各地都发现了宋元诸多小口各种造型的白瓷，在实用阶层上也比较广泛，天下无论贵贱通用之。

10、撇口

宋元撇口的白瓷时常有见，常见的器物造型有，碗、盘、碟、盏、瓶等，这些器物造型出现频率基本均衡，但相比较而言，从比例上看碗的比例最低，但从数量上看碗的数量最高。从衍生造型上看，宋元白瓷撇口的造型衍生性比较丰富，如微撇口、撇口较甚等都有见。从功能上看，宋元白瓷撇口的造型功能十分丰富，多以实用和装饰的结合为显著特征，如白瓷碗的造型，之所以将其制作成撇口的造型，目的显然就是为了用撇口吸引人的眼球，在实用的基础之上又增加了装饰的功能。从流行程度上看，白瓷撇口的造型各个时期都有见，地域广及全国。

▲图 5-22　子母口白瓷盒　宋代

▲图 5-23　小口白瓷罐　宋代

▲图 5-24　盘口白瓷碟　宋代

11、盘口

盘口的白瓷在宋元时期时常有见，但盘口只是所谓的盘口，并不是真正意义上的盘形，视觉的盛宴（图 5-24）。从造型上看，宋元白瓷盘口的器形众多，如壶、钵、瓶、盘等都时常有见盘口，特别是以盘口壶、瓶等为常见，但从数量上看，显然这一时期的盘口造型与唐代相比少了许多。从衍生性上看，宋元白瓷衍生性有限，多限制在体积大小上，其他的衍生造型很少见。在功能上，宋元白瓷盘口的造型体现了实用与装饰的完美结合，这一点很明确，之所以使用盘口的目的显然就是给人们一种视觉的冲击，所以对于盘口而言，装饰的功能为视觉先导，实用的功能居于后。从流行程度上看，宋元白瓷中盘口的造型流行比较广，各地墓葬和遗址中都有见，在总量上有一定的量，天下无论贵贱通用之。

12、喇叭口

宋元白瓷喇叭口概念较为形象，造型十分夸张，但判断的标准通常是视觉，看来也是一场视觉的盛宴。从器物造型上看，宋元白瓷器形多被限制在特定的器物之上，如壶、瓶、唾壶等器皿都常见，其他器皿很少见。从衍生造型上看，宋元白瓷喇叭口的造型有一定的衍生性，如大小喇叭口常见，可见主要集中在体积之上。从功能上看，宋元白瓷喇叭口造型功能十分明确，体现的是强烈的装饰性意味，或者说是以装饰为视觉先导，但在这一过程当中并不失去实用的功能。从流行程度上看，宋元白瓷喇叭口造型十分流行，广及天下，无论宫廷还是市井之上都有使用。

唇部

1、造型

宋元白瓷唇部常见的造型主要有圆唇、尖唇、尖圆唇、较薄唇、薄唇、撇唇等，可见宋元白瓷在唇部造型上比较常见。从形制上看，宋元白瓷唇部形制显然是以直观为主，如尖唇、圆唇等都是比较直观形象（图 5-25），这与民间窑场性质关系密切，简洁大方，没有官窑之器那种矫揉造作和雍容华贵。从厚薄上看，以薄唇为显著特征，较薄唇的造型也常见，厚唇的造型急剧减少。从衍生造型上看，宋元白瓷唇部造型衍生性很强，如卷唇可以衍生为微卷、弧卷、唇沿微内卷、卷圆唇等，其他唇部造型也是这样。鉴定时应注意分辨。

2、数量

宋元白瓷在唇部造型的数量上与前代相比有了很大的变化，这一点是明确的，

▲图 5-25　圆唇白瓷碟　宋代

主流还是尖圆唇，但尖圆唇在厚薄上发生了一些变化，逐渐在向更薄的尖圆唇发展；另外尖唇的数量有所增加，这与其胎体向薄演变的趋势是一致的；厚唇和圆唇的数量减少的很快。从时代上看，宋代这些特征表现得尤为明显，但是到了元代，由于元带白瓷在质量上有所下降，特别是在胎体上有所增厚，因此以上特征表现的并不是那么的明显，不过如果仔细观察这些特征都可以显现出来。鉴定时应注意分辨。

3、器形

宋元白瓷唇部在器形的选择上比较明确，如碗、盘、碟、盏、壶、钵、瓶等都有唇部，可以说几乎所有的盛器在造型上都有其唇部；只是在唇部造型的选择上不同而已，如尖圆唇的造型之所以能够成为最大品类（图 5-26），原因很简单就是它选择了器物数量规模最为庞大的白瓷碗，在白瓷碗上时常有见。再如瓶的造型多以方唇为显著特征；从时代上看，宋元两代白瓷在唇部器物造型选择基本相当，没有过于复杂性的特征。同时在窑口上也是这样。鉴定时要注意分辨。

▲图 5-26　尖圆唇白瓷碗　宋代

4、功能

宋元白瓷唇部在功能特征上并不复杂，主要以实用和装饰的结合为主，只是在结合的程度上有轻微和深入之分。如圆唇主要以实用为主，并不过于注重视觉的观感；而尖圆唇的造型就不是这样，显然是尖唇与圆唇的融合，看起来既具有尖唇的挺拔，又具有圆唇的厚实和圆润，所以它的装饰性的效果比圆唇更加深入。鉴定时应注意分辨。

沿部

1、造型

宋元白瓷在沿部造型上主要有，平沿、折沿、撇沿、薄沿、厚沿、花口沿等，从形制上看主要以视觉为判断标准，如平沿看起来比较直观，绝大多数为视觉的盛宴（图 5-27）。宋元白瓷在出现的频率上差异性较大，如宋元白瓷中以薄沿为显著特征，厚沿数量比较少；其他沿部造型也有这方面的特征，只是表现的明显与否。从时代上看，宋元两代白瓷唇部造型较具均衡性特征，变化不大；主要的变化还在厚薄上，元代白瓷在唇部厚薄上明显略厚于宋代，有一个很明显的渐进过程。从窑口上看特征比较模糊，没有明显的规律性特征。从衍生造型上看，宋元白瓷沿部造型具有较强的衍生性，如折沿可以衍生为斜折沿、平折沿、折沿下斜、宽折沿、小折沿等，可见白瓷在沿部的衍生性造型上的丰富性。鉴定时注意分辨。

2、数量

宋元白瓷沿部造型数量特征比较明确，各种沿部造型在出现的频率上有一定的差异性。从厚薄上看，宋元白瓷倾向薄沿、较薄沿的造型，过于厚的造型很少见。从造型上看，以较为明显的各种折沿为比较常见，敞沿、卷沿、敛沿、撇沿等造型，在造型表现得比较隐秘，有时需要仔细观察才能感觉到。鉴定时应注意分辨。

3、器形

宋元白瓷不同的沿部造型在器形的选择上不同，如平折沿多选盂、壶、瓶、盆、鼎等。而撇沿主要以唾壶、碗、盘、碟等为主要重点（图 5-28）。从时代上看，宋元两代基本相似，只是在造型出现的多少上因器物造型的流行程度而具有差异。鉴定时应注意分辨。

4、功能

宋元白瓷在沿部功能上特征明确，主要以实用为主，兼具有装饰的功能，如瓷盆上所使用的宽平折沿，目的显然是为了使用时用手端拿方便，装饰的功能居于次要地位，这是主流。当然还有一些器皿可能沿部装饰的功能强一些，如花口沿，之所以做成花儿一样的美丽，首先目的就是为了吸引人们的眼球，在很大程度上实现了以装饰为先导，但由于宋元白瓷是人们日常生活当中的用具，所以无论再繁复的沿部特征，首先具备的必须是其实用的功能。鉴定时应注意分辨。

▲图 5-27　近平沿白瓷罐　宋代

▲图 5-28　撇沿瓜棱形白瓷罐　宋代

腹部

1、造型

宋元白瓷腹部造型繁多，常见的主要有鼓腹、深腹、球形腹、折腹、浅腹、曲腹、弧腹、圆腹、直腹、斜腹等，可见其造型种类繁多。从出现的频率上看，宋元白瓷在腹部造型上并不具有均衡性的特征，不同时代和窑口之间各不相同，只是差距大与小的问题。从形制上看，宋元白瓷腹部造型虽然比较多，但并未显示出复杂化的趋势，主要以直观为主，如鼓腹（图 5-29）、弧腹、浅腹的造型都非常直观，以视觉为判断标准。从衍生性上看，宋元白瓷在腹部造型的衍生上比较复杂，以鼓腹为例，常见的衍生性造型有微鼓腹、近鼓腹、扁鼓腹、大鼓腹、弧鼓腹等；其他腹部造型在衍生性上也非常强。由此可见，宋元白瓷在腹部造型上不断衍生，对各种腹部造型进行了广泛的尝试。

2、数量

宋元白瓷腹部造型在数量上有一定的差异性，这一点是显而易见的，如鼓腹及其衍生造型的数量非常之多，而球形腹的造型则非常之少。从出现的比率上看，以鼓腹、浅腹、深腹为最常见，弧腹、斜腹等数量也比较多，而直腹、折腹、敞腹、球形腹、曲腹等在数量上则是非常少。从时代上看，宋元白瓷腹部数量特征并不复杂，不存在那个时代过多和过少的问题，而是表现出较

▲图 5-29　鼓腹白瓷罐　宋代

▲图 5-30　浅腹白瓷盘　宋代

为均衡化的特征。从窑口上看，宋元白瓷腹部造型数量特征基本不受窑口限制，不同的时代和窑口所流行的情况基本相似。鉴定时注意分辨。

3、器形

宋元白瓷不同腹部造型在器物造型的选择上不同，主要以实用为显著特征，如白瓷盒的腹部以直腹为主，这是由其具体的造型所限制。这样的例子很多，如白瓷碟的腹部基本上都是浅腹（图 5-30）；白瓷罐的腹部多为深腹等。之所以这样显然与宋元白瓷为人们日常生活当中的用具有关，所有腹部造型必须首先符合实用的需要，其次才是造型的衍生。鉴定时应注意分辨。

4、功能

宋元白瓷腹部功能特征十分明确，首先是以实用为先导，其次才是装饰的功能；只有个别白瓷的功能比较复杂，如瓜棱形腹的造型，实际上首先给人们的感觉是瓜的香甜，具有装饰为先导的特征，实用与装饰的功能完美地结合在一起。不过拥有装饰为先导的宋元白瓷腹部造型种类比较少。鉴定时应注意分辨，从时代上看，宋代实用与装饰的功能结合较为紧密，而元代两种功能的结合有疏远的迹象。

底部

1、造型

宋元白瓷底部造型特征明确，主要以平底为主，这与宋元白瓷主要作为日常生活用具有关，在宋元时期人们的生活用具当中瓷质的盛器占据着主流地位，如，碗、盘、碟、罐、瓶、盆、盏、壶、盂等都常见（图 5-31），而这些器皿的底部一般都需要的是平底。如白瓷盘的底部多平衍，这样有利于盛放饭食；白瓷碗的底部也应该是平整的，这样才不会影响到其实用的价值，仅从数量上看，白瓷碗的数量就占到了所有已发掘出土器皿的一半以上。由此可见，平底在宋元白瓷中的地位是绝对的。从其他底部造型上看也有一些，如圜底的造型也时常有见，如在一些香炉上就时常有见。从形制上看，宋元白瓷底部形制十分简洁，完全是视觉的盛宴，一切看起来都是非常的直观。从衍生造型上看，宋元白瓷底部造型具有一定的衍生性，但并不复杂，通常可以衍生为大平底、平底、小平底、内凹底、微凸底等。从精致程度上看不是很明显，具有较均衡性特征。鉴定时应该注意分辨。

▲图 5-31　平底白瓷碗　宋代

▲图 5-32　平底内凹的白瓷盒　宋代

2、数量

宋元白瓷底部造型在数量上主要以平底的衍生性造型为显著特征，墓葬和遗址都有见，从件数特征上看，墓葬多为 1 到 2 件，遗址内出土数量比较多，规模庞大。圜底及其他异形底的造型在数量上比较少见，与平底相比几乎可以忽略不计。鉴定时注意分辨。

3、器形

宋元白瓷底部造型与器形的关系明确，以平底的衍生性造型为主要特征，如枕的底部多为大平底，底部平衍，几乎没有凸起的情况，原因很简单，因为如果白瓷底部凸起，那么必然会影响到其实用的功能，这一点显而易见，再如盘的底部多为大平底；而盏的底部则多为小平底等；盒则有可能是平底内凹型等（图 5-32）。鉴定时应注意分辨。

4、功能

宋元白瓷底部功能特征明确，以实用为主，兼具有装饰的功能，如碗、盘、碟、罐、枕等的平底，目的很明确，就是为了实用。但装饰的功能也有见，如将底部制作的非常的平衍，给人以美感等，但这些美感是隐约的，而不是明显地表现；主要以精致程度的不同为区分。鉴定时要注意分辨。

足部

1、造型

宋元白瓷足部造型比较复杂，常见圈足、花形足、尖状足、蹄形足、饼足等（图5-33），可见足部种类繁多。不过从出现的频率上与前代相比变化很大，主体以圈足为主要特征，饼足数量较之唐代明显减少，圈足的数量激增。不过宋元白瓷足部形制特征向更为简洁化的方向发展，因此也更为直观，这一点显而易见。从衍生造型上看，宋元白瓷足部造型的衍生造型大为增强，尤以圈足为重，圈足可以衍生出大、小圈足；高、矮圈足；宽、窄圈足；厚、薄圈足；敛、侈圈足；斜、直圈足；环状圈足、假圈足、喇叭状圈足、近饼形足圈足、方圈足等，可谓是群星璀璨，组成了蔚为壮观宋元白瓷造型群。当然并不是所有的造型都能像圈足一样衍生出如此众多的造型，其他如饼足的造型等，在衍生性上也并不是很强。鉴定时应注意分辨。

2、数量

不同的宋元白瓷足部造型在数量上不同，这一点是显而易见的，如，饼足、花形足、尖状足、蹄形足的数量就很少，与圈足来比如，花形足的数量几乎可以忽略不计，在这些造型中表现出圈足独大的趋势。从衍生性造型上看，宋元白瓷足部造型比较复杂，以圈足为显著特征，在圈足上矮圈足的数量有上升的趋势，高圈足数量逐渐递减，窄圈足的数量有所增加，宽圈足的数量明显减少；但从时代上看宋元两个时期在程度上还不一致，矮、薄的足部造型以宋代为显著特征，而元代则比宋代要高和宽一些。从窑口上看，宋元白瓷在数量上与窑口

▲图 5-33　饼足白瓷罐　宋代

关系并不密切，具有均衡化的特征。

3、器形

宋元白瓷中不同的足部造型在器物造型上选择不同，这一点同样适应于衍生造型。通常情况下圈足选择器形最大品类就是碗、盘、碟、罐的造型，在数量上以碗的数量最为庞大，几乎占到整个白瓷的一半以上；乳足多是在白瓷炉、罐等特有的器物造型之上出现，同样蹄形足也是这样；从数量上看，矮圈足的数量是圈足中最大的，如在诸多白瓷碗、碟、罐等器皿之上都是这样，这一点有着其深刻的时代大背景，因为矮圈足比高大圈足更为节约成本（图 5-34），因此矮圈足就成为定窑白瓷最佳的选择。由此可见，虽然宋元白瓷足部造型在器物造型的选择虽然有很多变化，但每种变化都有着深刻的社会渊源，我们在鉴定时要能够体会其中更深层次内容。

4、功能

宋元白瓷足部在功能上主要以实用和装饰功能的结合为主，如大量出现的矮圈足显然说明了更为实用的功能，一是放置平稳；二是节约成本，当然宋元白瓷，特别是宋代白瓷并不满足于这样的结果，而且在矮圈足做工上精益求精，使其艺术化，以达到实用与装饰的结合。许多足部造型在工艺上实际都是这样处理的，在装饰性上达到了事半功倍的良好效果。

▲图 5-34　矮圈足白瓷碗　宋代

第三节 明清白瓷

口部

1、敞口

明清白瓷敞口者十分常见，从数量上看是明清白瓷中的主流。从器形上看十分普遍，如碗、盘、碟、壶、盏、盆等都常见，以白瓷碗为最多（图 5-35），白瓷盘、盏等居次。从衍生性上看，以大、小敞口、微敞口等为常见，其中以大敞口为多见。在功能上以实用为主，兼具陈设观赏的作用。从流行程度上看，通销全国。主要以明清时期乡村的贫苦农民使用为主，市井商业用瓷的数量也有一些。鉴定时应注意分辨。

2、侈口

明清白瓷侈口者常见，从器形上看涉及众多，如碗、盏、壶、盘、瓶等都常见，从数量上看，以碗最为丰富，其他器皿在比例上也较大。从造型的衍生性上看，大侈口、小侈口、微侈口等有见，而且出现非常频繁。从功能上看，明清侈口的白瓷功能十分明确，主要以实用为主，兼具有装饰性的功能。从流行程度上看，侈口的白瓷流行程度非常之广，横贯明清两代（图 5-36），地域空前广大，遍及全国，主要在下层社会使用。

3、敛口

明清白瓷敛口的形制常见，器物造型以白瓷碗最为丰富，盘、瓶、灯、盒、壶、盏等有见。衍生造型比较简单，多数以体积大小展开，如大敛口、小敛口等都常见，可见明清白瓷在造型上并没有力求突破的迹象。明清白瓷在功能上与散热的关系并不大，所谓敛口只是视觉的感觉而已，如白瓷碗敛口一样由于上下幅度不大，所以并不会影响到白瓷碗如散热的功能等，所以从根本上看敛口的白瓷碗只是一场视觉的盛宴。从流行程度上看，敛口的白瓷出现频率很高，在明清时期相当流行。

4、花口

明清白瓷花口的造型并不是很常见，这是一个不争的事实，因为从墓葬和遗址

▲图 5-35　敞口白瓷碗　明代

▲图 5-36　侈口白瓷碟　明清时期

当中出土的器皿来看，花口白瓷器皿出现的的确很少，可以说是偶见。当然这与明清白瓷被排挤出主流市场的命运有关，在最底层的社会，实用是唯一的，人们并不需要像花儿一样美丽的口部造型，或者是需要的很少。从器形上看，明清花口的白瓷碗、盘、碟等有见，但出现频率都很低。在从功能上，花口造型的白瓷自然是要突出花口的装饰功能，因此显然是以装饰为先导，但对于明清白瓷这一以实用为生存根本的品种，自然在显示其装饰性的同时必须具有实用的功能。鉴定时应注意分辨。

5、直口

明清白瓷直口造型十分常见，但数量并不是很丰富。从器形上看，明清白瓷直口以杯（图 5-37）、瓶、罐等为多见，从比例上看主要以瓶、杯等为最常见，像唐宋时期流行的白瓷盒基本不见。从衍生造型上看，明清白瓷直口衍生造型十分丰富，主要以近直口、小直口、大直口为主，判断的标准主要以视觉为标准，显然并不是真正几何意义上的直口，而只是一种视觉上的盛宴。从功能上看比较复杂，主要是以实用为主线，兼具有装饰的功能，这一点在瓶上很明确，直口是为了形成瓶的造型，但同时也是为了实用的需要。从流行程度上看，直口的明清白瓷流行非常之广，地域广及全国，主要在下层社会流行。鉴定时应注意分辨。

6、子母口

明清白瓷子母口造型并不常见，特别是子母口最大的载体白瓷盒，在明清时期数量急剧锐减，这使得子母口数量也跟着大为减少。从衍生造型上看，明清白瓷子母口衍生性造型很少见，这与其实用的功能有关，如果造型随意衍生，那么子口和母口很有可能无法扣合在一起，从而影响到实用。从功能上看，明清白瓷子母口在功能上基本上取决于装饰，但同时结合实用的功能。鉴定时应注意分辨。

▲图 5-37　直口白瓷杯　明代

7、大口

明清白瓷大口者十分常见，从器物造型上看十分丰富，如碗、碟、盘、盏等都比较常见。从衍生性上看，大口造型在体积上的衍生应该是无限的。在功能上很明显主要以实用为主，兼具有装饰的功能（图 5-38）。从流行程度上看，流行较广，主要以明清时期的乡村和市井为显著特征。鉴定时应注意分辨。

8、小口

明清白瓷小口的造型有见，但在数量上并没有大口那样的丰富，这一点很明确，从发掘出土的器物来看，并不是每一座墓葬都会出土小口的白瓷，而是被限定在特定的器物造型之上。从器形上看，明清白瓷在器物造型上选择性并不强，主要以小口白瓷瓶等为多见，由于功能的需要，所以在造型上必须为小口，同时兼具了装饰的功能。从流行程度上看，明清小口的白瓷器皿流行还是比较广，如白瓷瓶有很多是酒瓶，随着酒的销售而遍布全国。鉴定时应注意分辨。

9、撇口

明清白瓷撇口的造型十分常见，撇口在造型上有一个明显外撇的过程，这种

▲图 5-38　兼具装饰功能的大口白瓷盖碗　清代

▲图 5-39　撇口白瓷碗标本　明代

造型十分适合碗、盘、碟、盏等器皿的口部造型，所以也被这些器皿广泛选用，器物造型十分丰富，从数量上看主要以白瓷碗为最常见（图 5-39）。从衍生造型上看，主要以微撇口、撇口较甚等为显著特征。功能以实用和装饰的结合为主。从流行程度上看，全国各地都有见，使用阶层以下层社会为显著特征。鉴定时应注意分辨。

10、喇叭口

明清白瓷中喇叭口的造型比较常见，喇叭一样的造型十分夸张，在一般的器皿上，如碗、盘、碟等应用很少，器物造型多被限定在一些特别的器皿之上，如壶、瓶、唾壶等，不过对于明清白瓷而言喇叭口所选择的造型主要以壶和瓶为主，以瓶为最多见；唾壶等造型在明清时期早已不再流行。这一点我们在鉴定时应注意分辨。从衍生造型上看，明清白瓷喇叭口的造型在衍生性上比较强，在体积大小上可以自由伸缩，如大、小喇叭口等都比较常见，判断的标准为视觉。从功能上看，明清白瓷中夸张的喇叭口造型，体现出了强烈的装饰性意味，实现了实用与装饰性的完美融合。从流行程度上看，明清白瓷中的喇叭口造型较为流行，在压抑的下层社会中，这不妨为一个心灵的鸡汤，起码可以在心灵上掀起一些波澜。鉴定时应注意分辨。

唇部

1、造型

明清白瓷唇部造型特征比较丰富，圆唇、尖唇、尖圆唇、厚唇、薄唇、撇唇等都常见（图 5-40），由这些唇部造型可以看到基本都是一些传统的造型，可见明清白瓷在唇部造型上显然为传统的延续，这一点毋庸置疑，但同时也说明明清白瓷在造型上并没有太大的创新。从形制上看，这些造型都比较直观，主要以视觉为判断标准。在使用频率上明清白瓷主要以尖圆唇为主，圆唇的比例也有所上升；在厚薄上，以较薄唇为显著特征，真正的厚唇和薄唇都很少见。从衍生造型上看，明清白瓷唇部造型并非真正造型的终结，而是在这些主流唇部造型之下还有许多丰富的衍生性造型。我们在鉴定时应注意分辨。

▲图 5-40　较厚唇的白瓷标本　明代

2、数量

明清白瓷数量特征十分明确，各种造型在出现的频率上各不相同，但规律性特征很明确，从发掘出土的器物来看，以尖圆唇的造型为最多，其他圆唇、卷唇的数量不断依次递减，而且它们与尖圆唇在数量上的差距非常之大，如果从总量上相比，几乎可以忽略不计。这一点我们在鉴定时应注意分辨。

▲图 5-41　尖唇白釉瓷器　明代

3、器形

明清白瓷不同唇部造型在器形的选择上特征并不是很明显，如白瓷碗的造型尖圆唇选择最多；壶的造型卷唇的数量有一些；方唇多见灯、壶、瓶等器皿；尖唇以碗、盘、盏等为多见。由上可见，明清白瓷在唇部造型上涉及众多（图 5-41），不过从具体时代看，明清两代的差异性并不大。鉴定时应注意分辨。

4、功能

明清白瓷唇部功能特征明确，首先是为了实用的需要，很显然明清白瓷都是实用器皿，有很多是老百姓每日每餐必备，所以唇部的设计首先必须要以实用为先导，这一点贯穿于明清白瓷的全过程。我们在鉴定时应注意分辨。其次是实用与装饰的结合，在保证实用的同时明清白瓷并不排斥装饰的功能，如大量采用尖圆唇的设计，既体现了尖唇的挺拔俊秀，又体现了圆唇的稳重和端庄，这样的造型显然有一些装饰的功能，不然全部使用结实耐用的圆唇就可以了，但明清白瓷显然还是没有这样做。我们在鉴定时要注意体会到这些内容。

沿部

1、造型

明清白瓷在沿部造型上特征比较明确，各种沿部特征都有见，如平沿、折沿、敞沿、敛沿、较薄沿、花口沿、撇沿等都有见（图 5-42），但明清时期这些沿部造型在出现的频率上差异性很大，如花口沿几乎很少见，如果与较薄沿在总量上相比几乎可以忽略不计；平沿的造型在数量上也有所减少，折沿也是这样，不过这与明清白瓷器物造型总量上锐减比较大有关。这一点我们在鉴定时要注意分辨。从形制上看，明清白瓷造型比较直观，以视觉为标准，绝大多数为视觉的盛宴。从衍生造型上看，明清白瓷沿部具有一定的向外衍生性，如平沿可以衍生为平折沿、近平沿、宽平沿、小折平沿等，可见白瓷在沿部的衍生性造型上的丰富性，正是沿部造型的衍生性，造就了规模庞大的白瓷沿部造型群。鉴定时应注意分辨。

2、数量

明清白瓷沿部造型数量特征明晰，不同沿部造型在数量上各不相同，存在着相当的差异性特征。从厚薄上看，以较薄沿为显著特征，厚沿和薄沿的数量明显减少。从出现的频率上看，主要以折、卷、撇沿为显著特征，其他的沿部特征很少见。鉴定时应注意分辨。

3、器形

明清白瓷沿部造型所选择的器形十分丰富，如碗、盆、炉、盘、碟、瓶、注、盏、罐等都比较常见（图 5-43），只是不同的器物造型所选择沿部造型不同而已，如白瓷碟可能多选择的是宽大的撇沿、微折沿等；而如盆等器皿可能选择的多是平折沿、宽沿等造型。鉴定时应注意分辨。从时代上看，明清两代基本相似，没有过于规律性的特征。

4、功能

明清白瓷沿部在功能上比较简单，主要以实用和装饰的结合为主，但多数以实用为先导，如撇沿造型的盘，显然盘必须有沿部，这样在实用时便于手的端拿，这一点是显而易见的，不过将其设计成夸张的宽而微向上折的沿部很明显就是为了具有装饰性的功能，因为如果仅仅是为了实用，没有必要将沿部制作的如此美观。只有少数的花口沿等是以装饰为先导。鉴定时应注意分辨。

▲图 5-42　撇沿白瓷标本　明代

▲图 5-43　微折沿白瓷碗标本　清代

腹部

1、造型

明清白瓷在腹部造型上比较复杂，腹部造型繁多，常见的主要有深腹、鼓腹、折腹、曲腹、坦腹、弧腹、直腹、斜腹等。从频率上看，这些腹部造型之间差异性较大，相比较而言，以鼓腹、深腹、弧腹为显著特征，其他腹部造型在数量上明显处于劣势。从形制上看，可见这些腹部特征并不复杂，都是一些直观的造型，多以视觉为判断标准（图 5-44）。从衍生性上看，以上所列举的这些腹部并不是白瓷腹部造型的终结，而只是一个开端，这些腹部造型多数具有较强的衍生性，以弧腹为例，常见的衍生性造型有斜壶腹、弧腹内收至底、腹微弧、弧鼓腹等，可见衍生造型是特别复杂；其他腹部特征也时这样，都可以衍生出众多的衍生性造型，这些造型共同组成了蔚为壮观的明清白瓷腹部造型群。我们在鉴定时应注意分辨。

2、数量

明清白瓷腹部造型在数量上差异性特征较强，从数量上看，以鼓腹的量最大，各种鼓腹造型规模庞大,由此也可以看出明清白瓷在造型上主要是以各种盛器为主，

▲图 5-44　鼓腹白瓷烟壶　清末民国

以至于导致了如此规模庞大的鼓腹群；当然除了鼓腹及其衍生性造型外，弧腹、斜腹、深腹等的造型在数量上也非常庞大，当然并不是所有的腹部造型在数量上都非常多，如直腹的造型在数量上显然非常有限。从时代上看，明清白瓷腹部在数量特征上基本相似。鉴定时注意分辨。

▲图 5-45　直腹白瓷杯　明代

3、器形

明清白瓷腹部在器物造型的选择上特征明确，什么样的器物造型选择腹部造型是一定的，并没有随意而然的情况，如，白瓷杯多选择的是直腹，很少选择斜腹等的造型（图 5-45），这是一定的，原因是由其实用性的功能所决定，因为白瓷毕竟是以实用器皿的身份在社会上生存，所以其造型是特定的，这一点也为我们鉴定白瓷留下了通道。这样的例子很多，本书在这里就不再赘述。从数量上看，以鼓腹和白瓷碗的组合最为丰富，几乎占到整个明清白瓷数量的一半以上。鉴定时应注意分辨。

4、功能

明清白瓷腹部在功能上特征十分明确，显然是以实用的功能为主，但同时融合了许多艺术性的元素，使其在实用的同时兼具有装饰的功能，这一点明清白瓷以其自身的形象向我们表述的淋漓尽致,如白瓷杯的腹部如果仅仅考虑到实用的功能，完全可以做成鼓腹，甚至是大鼓腹，但这样的造型没有艺术性，看起来很难看，所以明清时期的白瓷杯还在兼顾其实用性，将其做成直腹，这样的造型看起来挺拔俊秀，美观大方，显然已经完成了实用与装饰的完美融合。基本上白瓷所有的造型都有不同程度的这种结合，不过是程度不同而已，如白瓷碗可能结合的程度轻一些，而像白瓷瓶等结合的程度较为深刻。我们在鉴定时应注意分辨。

底部

1、造型

明清白瓷底部造型特征比较简单，主要以平底为主，这一点与唐宋传统白瓷是相同的，看来明清白瓷显然是延续了传统（图 5-46），这一点主要与其功能有关，因为白瓷在明清时期实际上功能并没有太大的改变，依然是作为人们日常生活当中餐具或者寝具、酒具等，所以多数器皿都还是盛器，而盛器自然多数需要平底的器皿。只有少量的器皿为圜底等。从衍生造型上看，平底的衍生造型比较丰富，如大小平底、内凹、微凸等的造型都常见。从形制上看，这些底部造型都比较直观，以视觉为判断标准，显然为一场视觉的盛宴。从精致程度上看，明清白瓷中底部造型与精致程度没有过于紧密的关联。鉴定时应注意分辨。

2、数量

明清白瓷底部造型数量特征较为明确，从基本造型上看，平底与圜底的造型没有悬念，圜底的造型在数量上比平底要少得多，基本上可以忽略不计。从衍生性

▲图 5-46　平底白瓷碗足　明代

造型上看，大平底和小平底二者数量都比较有限，主要以处于它们之间的普通平底为显著特征；内凹和凸起的底部造型在数量上也是不相上下，二者的关系呈现出均衡化的特征，不过从整体上看，还是以底部平衍的造型为显著特征。鉴定时注意分辨。

▲图 5-47　小平底白瓷碗　清代

3、器形

明清白瓷不同的底部造型与器物造型的选择上不同，从基本的造型上看，平底的造型涉及器物众多，如碗、盏、盘、碟、罐、瓶、盆等都有见；而圜底涉及的造型极为有限，以白瓷炉等少量器皿为显著特征，其他器皿很少见。从衍生造型上看比较复杂，大平底所涉及的造型多为碗、盘、碟等；而小平底所涉及的造型则有一定的限制（图 5-47），如在白瓷盏上多见，在白瓷瓶上也有见，但显然看起来已经不是那么普遍；内凹与底有微突的造型由于并不是很常见，有偶见的成分，所以它们之间没有可比性。如果相对而言，具有一定的均衡性特征。鉴定时应注意分辨。

4、功能

明清白瓷底部造型在功能上特征明确，以实用为先导，如白瓷碗、盘、罐等平底，目的就是盛器，而平底是最适合盛器的一种造型，其主要功能显然是为了保证其实用性的有效发挥，多数装饰性的功能显然是居于其后的。只有个别器物的造型，如斗笠形盏的茶具，可能小平底的造型在此时显然是迎合了其大口夸张的造型，为形成斗笠形的造型做出了贡献，此时的小平底在功能上实用性显然是居于次要的地位。由此可见，明清白瓷底部实用为主，装饰为辅的功能，在特定的造型之下也会异化，但这种情况通常情况下很少见。从时代上看，明清两代在功能上基本相似，没有过于复杂性的特征。

足部

1、造型

明清白瓷足部造型特征比较复杂，种类繁多，仅常见的足部造型就有圈足、饼足、花形足、尖状足、蹄形支足等，可以说历史上所出现过的足部造型基本上都出现了（图 5-48）。从形制上看，明清白瓷足部造型比较直观，以视觉为判断标准，如蹄形支足实际上就是模仿马蹄造型，完全是一场视觉盛宴。从衍生造型上看，明清白瓷十分丰富，仅圈足就可以分为大、小圈足；高、低圈足；薄、厚圈足；敛、撇圈足、斜、直圈足等数十种。饼足也可以分为高矮饼足，以及大小饼足等造型。证实这些衍生性造型组成了规模庞大的明清白瓷足部造型群，犹如星光璀璨。只有个别的明清白瓷足部造型衍生性较差。鉴定时应注意分辨。

2、数量

明清白瓷足部数量特征很明确，以圈足独大，圈足及其衍生造型的数量可能占到整个明清白瓷足部造型的三分之二强，甚至更多；其他足部特征，如花形足、尖状足、乳足、蹄形足、卧足、饼足等，虽然也有一定的量，但与总量相比显然是微不足道；从窑口上看也是这样，基本上没有太大的规律性特征。可见明清白瓷在足部数量上主要以圈足为显著特征。

▲图 5-48　圈足白瓷碗足　明代

▲图 5-49　白瓷碗标本　清代

3、器形

明清白瓷不同足部造型会选择相应器形，这一点毋庸置疑。白瓷足部对于器物造型的选择总是强强联手，如数量最多的圈足及衍生造型主要以白瓷碗的造型为显著特征，其次是盘、碟、盆、瓶、罐等（图 5-49）；而蹄形支足在造型上的选择则是白瓷香炉等一些特殊器皿为主。从衍生造型在明清白瓷上的应用来看，十分普遍，如矮圈足的器皿多是白瓷盏等，白瓷碗的数量也较为丰富。从时代上看，明清白瓷在足部造型上基本相似，没有过于规律性的特征。鉴定时应注意分辨。

4、功能

明清白瓷足部功能主要以实用为主，兼具有装饰的功能，这一点很明确，如圈足之所以数十种，这本身体现着装饰的特性，因为如果仅仅考虑其实用的功能，可能一种圈足造型就可以了。另外，不同的足部造型在实用与装饰功能结合的紧密程度上有所区别，如矮圈足的白瓷碗实用与装饰功能的结合程度就比较强，可能伴随着浅腹等一系列相关造型的产生；但普通高度圈足的白瓷碗主要以实用为主，装饰性的功能差一些。鉴定时应注意分辨。从精致程度上看，明清白瓷足部在功能上没有明确的关联，从数量上看以普通白瓷为主，精致和粗糙的白瓷在数量上很少见。

第六章 纹饰

第一节 隋唐五代白瓷

隋唐五代白瓷在纹饰上十分黯淡，从墓葬和遗址内出土的器皿来看，有纹者很少见，多数光素无纹，著名的邢窑白瓷中也是这样，基本上很少见到有纹者。从时代上看也是如此，隋代白瓷刚刚产生，有纹者很少见；唐代有纹者也是很少见（图6-1）；五代时期主要延续唐代。由此可见，整个隋唐五代时期白瓷数量很少，只是偶见有白瓷饰纹的现象。隋唐五代白瓷之所以十分排斥纹饰，究其原因应该主要是受到瓷器以“釉质取胜”传统观念的影响。我们在鉴定时应注意分辨。

▲图6-1　简单几何纹白瓷罐　唐代

第二节 宋元白瓷

宋元白瓷主要以釉质取胜，这一点毋庸置疑，从数量上可以很清楚地看到无纹者占据绝对优势地位，但宋元白瓷并不排斥纹饰，而是逐渐呈现出繁缛的趋势，从墓葬和遗址内出土的器皿来看，有纹者时常有见，著名的定窑白瓷中纹饰占有很重要的地位。

1、从题材上看，宋代白瓷纹饰题材丰富，常见花卉、草叶纹、动物纹等，弦纹的数量也不少见。从数量上看，以花卉纹为显著特征，如牡丹纹、花果纹、菊花纹、芙蓉花纹、芙蓉团花纹、梅花纹、缠枝菊花纹、模印缠枝菊花纹、缠枝花卉纹、折枝花卉纹、六瓣花蕊纹、印牡丹花纹、印芙蓉团花纹、枝蔓纹等；但其他的纹饰题材也并不少；如弦纹从一周到数周的情况都有见，以及弦纹饰水波纹、凹弦纹、回弦纹、凸弦纹等。草叶纹也是这样，如蝈蝈戏草纹、蕉叶纹、叶纹等都常见，另外，各种鱼纹也都常见。由此可见，宋代白瓷纹饰题材可谓是群星璀璨。从时代上看，宋元两代基本相似，没有过于复杂性的特征。这样看来，宋元白瓷与隋唐五代相比在题材上有了较大突破，但我们可以看到从复杂程度上并不是很复杂，多是简单刻划纹，有很多寥寥几笔就可以勾勒而成。鉴定时应注意分辨。

2、从构图上看，宋元白瓷在纹饰上的构图以简洁为显著特征，诸白瓷所受定窑影响最大，纹饰以传神为重要特征，并不讲究繁复，多数几笔勾勒而成，如，鱼纹就是这样；个别也有见繁复者，如有些印花纹饰看起来还是较为的繁缛，但大多还都是欣赏性的，情节性的内容很少。构图严谨（图 6-2），即使再简单的白瓷纹饰态度都相当认真，如一周弦纹，刻划的可以说是流畅自若，而决不草率了事。从主辅纹关系上看，白瓷构图主辅纹关系明确，较具合理性，没有说思绪或说结构不清楚纹饰，如果有见，则必然为伪器；所以宋元白瓷在构图上必须要看懂其合理性在那里，要有脉络，不然等于没有看懂瓷器。从时代上看，宋元两代基本相似，尤以宋代最为讲究构图的合理性，元代与宋代相比略逊。鉴定时应注意分辨。

3、从线条上看，宋元白瓷在纹饰线条处理上十分认真，可以说精益求精，竭尽心力，所以基本上很少看到棉弱的线条，多数都是线条流畅，刚劲有力，而且这

▲图 6-2　构图严谨的刻划鱼纹白瓷碗　宋代

▲图 6-3　线条流畅的凹弦纹白瓷碗　宋代

些鉴定要点贯穿于整个宋元白瓷史，只是流畅的程度有所不同，如真正宋代定窑白瓷中的精品瓷器线条相当流畅，而窑系生产白瓷在线条上表现的则没有这样优良，元代可能更差一些。 另外宋代白瓷纹饰线条多有力度，这一点无论是刻划的深与浅都是这样，实质上这反映出宋元白瓷在纹饰线条上的一种态度，而这种态度就是严谨；从时代上看，宋代最为严紧，元代有所松懈。

4、从饰纹方法上看，宋元白瓷在装饰纹饰方法上主要有三种，一是刻划、二是剔刻、三是模印，当然还有浮雕等装饰方法，但主要以这三种装饰方法为显著特征；从使用的频率上，以刻划花技术为主（图 6-3）；印花居于其次；再次是剔刻。这些装饰方法在使用时有见的相互配合成纹的图案，一般是划剔刻有见相互配合，印花多见和弦纹配合使用，但这不是主流，主流是其单独成纹，有的白瓷碗整个纹饰都是印花；而有一些则通体是刻划纹构图，如白瓷碗上的简洁鱼纹等都是这样。从时代上看，宋元时期基本上相当，并没有过于复杂的特征，但从纹饰数量上看以元代基数为最大。鉴定时要注意分辨。

5、从功能上看，宋元白瓷纹饰在功能上具有鲜明特征，显然是以装饰功能为先导，体现实用与装饰的的结合。宋元白瓷纹饰装饰显然取得较好的效果，提高了产品在市场上的竞争力，满足了很多人的需求，这显然也是自宋代定窑白瓷开始大量在白瓷上使用纹饰装饰的初衷。其次象征的意味比较浓郁，多数具有吉祥如意的象征，如宋代白瓷碗上经常出现的鱼纹，鱼纹多刻划于白瓷碗的内心，寓意吉祥如意，“年年有鱼”，福气不断。这种寓意无疑给人们以愉悦的心情，直接促进了销量。总之宋元白瓷纹饰在功能上兼具的功能越来越复杂化了。

第三节 明清白瓷

明清白瓷在纹饰上主要延续传统，从数量上看，明清白瓷中有纹饰者在数量上并不占据优势地位，而只是很小的一部分，但这至少说明明清白瓷并不排斥纹饰，但纹饰的比重明显比宋元时期有所下降，这显然与明清时期白瓷被排挤出主流市场，主要在乡村级的窑场烧造有关。但明清白瓷在纹饰上也有着一些自身的特点，这些特点我们在鉴定时应注意分辨。

1、从题材上看，明清白瓷在题材上十分丰富，以几何纹、花卉、草叶、动物纹等为主，但具体的题材有所下降，如，花卉纹中，菊花纹、芙蓉团花、枝蔓纹等还有见，但在数量上有所减少；几何纹也是这样，弦纹的种类减少，以细线凹弦纹为主，凸弦纹等基本上为偶见；草叶纹像蕉叶纹、叶纹等也都很少见；动物纹中的鱼纹时常有见，但出现的频率大为减少。由此可见，明清两代白瓷纹饰题材骨架依然是延续宋元，只是辉煌已经远去（图 6-4）。另外在题材上还有一个重要特征，

▲图 6-4　刻划花卉纹白瓷标本　清代

▲图 6-5　刻划弦纹白瓷杯　明代

就是越来越抽象化，无论是花卉、草叶包括动物纹，有很多我们很难看出究竟是什么花卉。从时代上看，明清两代基本相似，没有过于规律性的特征。这样看来，明清白瓷与前代白瓷在题材上相比并没有太大的突破，有的只是简单的延续。鉴定时应注意分辨。

2、 从构图上看，明清白瓷纹饰在构图上以简洁为显著特征，很多白瓷寥寥几笔便可以勾勒而成，看来受定窑的影响比较大。不过明清白瓷纹饰传神的效果，似乎不如宋代定窑，多数纹饰看起来平庸，能够打动人者很少。从构图的严谨性上看，明清白瓷纹饰在构图上多讲究对称，构图还算是严谨，但过于复杂者不是很常见，有着浓郁的民间窑场风格。从时代上看，明清两代基本相似，并没有过于复杂性特征。

3、 从线条上看，明清白瓷在纹饰线条处理上依然是十分认真，但由于过于民间，工匠的水平有限，所以在纹饰处理上并非能够使人满意，偶见有线条绵软无力的情况，但多数线条在流畅性上还都比较好。看来明清白瓷继承的只是宋元白瓷在纹饰线条上的严谨态度，而并没有真正意义上的宋代白瓷之神韵（图 6-5）。

▲图 6-6　凸弦纹高圈足白瓷标本　明代

4、从饰纹方法上看，明清白瓷在装饰纹饰方法上依然保留着宋元遗风，主要有刻划、剔刻、模印等，但出现的频率与宋元时期相比大为不同，回归到了主要以刻划花为主的时代，印花和剔花很少见，可以说是偶见。由此可见，明清白瓷在饰纹方法上显然是单调了。

5、从功能上看，明清白瓷纹饰在功能上特征鲜明，以装饰为先导，体现实用与装饰的结合。这一点很明确，在明清时期已经坠落为小山村内使用为主的白瓷，刻划纹饰的目的显然是为了能够提高一些装饰的水平，但此时装饰的效果已经十分微弱，主要还是以实用为主（图 6-6），虽然明清白瓷以纹饰为先导，但多数情况下依然是处于次要的地位。鉴定时应注意分辨。

第七章 价值判断与收藏保养

第一节 研究价值

中国古代白瓷自隋代产生，唐代即达鼎盛，产生了著名的邢窑白瓷，宋代白瓷继续鼎盛，在邢窑衰落之后定窑又重新崛起，历经元明以降，直至清代。历经千年之久的中国古代白瓷具有重要的价值（图 7-1），这些价值主要可以划分为三个方面：研究价值、艺术价值、经济价值。这三个方面的价值互为评判的基础，相互支撑，密不可分。我们先来看其研究价值。

▲图 7-1　精美绝伦猪油白釉　唐代

1、从造型上看，中国古代白瓷由于历经千年之久，每个时代都有不同种类的造型产生，或者造型发生改变，以及造型在出现的频率上的多与少等，这些特点不仅仅使白瓷产生了无与伦比的造型世界，而且我们也可以通过这些造型窥视到白瓷所历经时代的人们的真实生活，成为人类复原历史的重要工具。

2、从釉质上看，白瓷在釉质上错综复杂，仅釉质就可以分为釉色、开片、厚薄、均匀、流釉、杂质、稀薄、化妆土、施釉部位研究等重要内容，对于这些内容的研究，不仅可以使我们看到白瓷高超的烧造工艺，更重要的是可以看到当时人们在烧造这些瓷器时的心理，以及当时社会对白瓷需求的真实状况，并以此来探究历史，剥离价值（图 7-2），使我们在前人的经验之上继续前行。因为我们人类毕竟是“前不见古人，后不见来者”，只能是通过规模庞大的前人留下来的遗物，来继承历史。这应该是其研究价值的重点所在。

3、从功能上看，中国古代白瓷在历史上一直是无论王公贵胄，还是平民百姓都在使用的器皿，因此它承载着不同时期大量的历史信息，可以使我们了解到已经逝去时代的点点滴滴，从而揭示这些信息，这无疑对现代文明是一个巨大的促进，意味着我们的现代文明不是原点起步，而是站在历史的起点之上继续前行，是一个延续的过程。因此中国古代白瓷无疑具有相当重要的研究价值。

▲图 7-2　光泽淡雅的雪白釉瓷盒　唐代

▲图 7-3　“类雪似玉”的雪白釉白瓷碗　唐代

4、从釉色上看，中国古代白瓷色彩十分丰富，雪白、纯白、灰白、鸡骨白、乳浊白、猪油白等色彩都是我们研究的对象，事实上白瓷对于各种色彩的调试及尝试已经达到了相当高的水平，这对于我们当今社会人工色彩的认识具有重要的意义（图 7-3）。因为这些色彩多数都是经过几个时代人们的认知共鸣，是人们最能接受和最为亲近的色彩。这些无疑都具有较高的研究价值，是需要我们研究和继承的。

中国古代白瓷需要研究的内容还有很多，如胎色、原料、淘洗、完残、温度、瓷化程度等诸多方面，在这里我们就不再一一进行赘述了，但其所承载的历史信息和研究的方法基本与以上几点相同。　总之，白瓷的研究对于诸多学科都有着直接的价值，如文物鉴定、考古、历史学、人类学、博物馆学、材料学等。

第二节 艺术价值

中国古代白瓷是世界上最伟大的艺术，这一点举世公认，因为它是大众的艺术，历史上千千万万的人都与它有缘。而不是只给少数人欣赏的艺术。许多白瓷精美绝伦，举世无双，达到了历史之最，艺术价值之高，令人叹为观止。

1、从造型上看，白瓷造型尤为复杂，常规的造型涉及器物的口、颈、肩、腹、足、底、留、盖等部位，白瓷的造型就是通过这些器物造型上不同部位的变幻而实现的，通过这些不同的造型，我们在欣赏到这些精美绝伦艺术品的同时，也可以看到不同历史时期人们在审美观念上的异同。享受到不同历史时期的艺术之美。它实际上等于在艺术上延长了我们的生命，犹如隔世，随着这些具相的白瓷造型，穿越着时空的隧道，回到那些令我们心驰神往的年代，带给我们的是高品位的艺术盛宴。从整个白瓷的造型来看，白瓷所讲究的是一种淡雅之美，也可以说是简洁之美，它的美在于造型规整、厚薄的均匀、弧度流畅，以及它的那种极尽奢华的实用与装饰融为一体之美（图 7-4），唐代邢窑白瓷唾壶、著名的玉璧足雪白釉瓷碗、定窑的

▲图 7-4 “犹如梦境”的白瓷杯 唐代

▲图 7-5　纹饰繁缛印花白瓷花卉纹　宋代

薄胎瓷碗等无不显示了这一精神内涵。同时这些具有诗意的造型，将人们生活中许多感到的尴尬都变成了一种情趣，如吐痰的艺术，将痰液从小白瓷唾壶小如洞的口部流下，人们的视线再也观察不到，迎合了视觉、迎合了人们的卫生习惯，这就是白瓷高超的造型艺术。总之，中国古代白瓷在造型艺术上的成就是伟大的艺术，还有相当多的实例可以去列举，但由于篇幅有限，我们不可能一一列举，也没有那个必要。总之白瓷在漫长的历史长河中名瓷辈出，邢窑的浑厚、定窑的俊美，至今令我们回味。鉴定时应注意分辨。

2、从釉质上看，中国古代白瓷主要以造型和釉质取胜，这一点无可置疑，在釉质上白瓷极尽心力，特别是精致白瓷在釉色上几乎达到了白瓷烧造的尽头，成就极高，纯净典雅、类雪似玉、精美绝伦，无不闪烁着淡雅、润泽、非金属的油性光泽。其在釉色上的显著特征是模仿各种人们常见的自然色彩，如“雪白釉”模仿雪的颜色，皑皑白雪，或在阳光之下，或在黄昏之时，使人犹如幻境，流连忘返，给人以强烈的视觉冲击。与此类似的还有“猪油白”、“乳白”、“象牙白”等釉色，精美绝伦，给人以最美的艺术享受。釉质上化妆土细腻润泽，胎釉结合良好，开片得到了相当程度控制，不再影响人们的视觉，给人带来的是无限的艺术享受，通过色彩调动人们的视觉、味觉等感触，从而触及人们的心灵，并以此来点缀了人们寂寥的生活。

3、从纹饰上看，白瓷不重纹饰，在唐代甚至排斥纹饰，但自宋代兴起的定窑改变了这一切，虽然还未达到要用纹饰取胜的程度，不过显然宋代白瓷并不排斥纹饰的出现，在借鉴其他质地的纹饰图案的基础之上，白瓷纹饰迅速形成了具有自身鲜明特征的艺术宝库，题材多样，动物、花卉、草叶、几何纹等应有尽有；刻、划、剔、印花等饰纹方法并用；从时代上看，宋代达到顶峰（图 7-5），元明以降，直至清代都有见，它像是一个“源”，给予我们今天人们无穷尽的启迪和灵感。如连绵不断的弦纹寓意着“福”字不断头；典型的鱼纹，多数具有“年年有余”的吉祥寓意；这些美好的寓意，使人们看后有着愉悦的心情，增添了其艺术的气息。鉴定时应注意分辨。

总之白瓷在艺术价值上犹如一个艺术的宝库，取之不尽，用之不竭，所能表达的内涵悠远绵长。是任何时代都不可或缺的艺术元素。无疑对于我们今天具有重要的现实意义。

第三节 经济价值

白瓷拥有很高的经济价值，它的经济价值理论源泉来源于它的研究价值和艺术价值，并且，其价值的高低也由其来决定。它们之间的关系非常明确，是一个呈正比的关系，研究和艺术价值高的白瓷，经济价值自然也就高；相反则亦然。然而这只是理论的，现实生活中白瓷的价值，并不是那么如意，而且受着多种因素的影响。我们来看一下：

1、精致白瓷。中国古代白瓷从整体上看明显可以划分为精致、普通、粗糙三级，精致的白瓷在经济价值上通常情况下高，这是无疑的，原因有两点，一是工艺精湛，有着很高研究价值和艺术价值；二是精致白瓷数量比较少，迎合了“物以稀为贵”的基本原则（图 7-6）。所以从经济价值上精致白瓷始终是市场上的重头戏，是历代人们所追捧的对象，占尽了天时、地利、人和，所以其拍卖价格往往都是天价。但从时代上看，白瓷精品辈出的时代往往也是鼎盛的唐宋时期，其他历史时期很少见。

2、普通白瓷。普通白瓷经济价值比较复杂，通常经济价值向两极化的方向发展，一些普通白瓷在艺术和研究价值上很高，但其经济价值不一定很高，正是由于其普通性，从而导致了其烧造并不是竭尽全力，精益求精，如果数量少，那么它可能几乎和精致瓷器拥有一样的经济价值；但如果这种白瓷在总量上比较大，不能迎合“物以稀为贵”的价值规律，那么普通白瓷的另外一种结果

▲图 7-6　精致的白瓷罐　唐代

▲图 7-7 粗糙的白瓷碗 唐代

就是经济价值一般或者是偏低。这一点我们在鉴定时应注意理解。不过这种白瓷有着很高的收藏价值，它的价值来源于收藏的发展，当多数器物到了收藏家手里之后，其升值的空间就会被体现出来。从时代上，普通白瓷具有鲜明的时代特征，自白瓷产生之日起，直至明清。

3、粗糙白瓷。这里粗糙白瓷是一个相对的概念（图 7-7），当时的粗糙白瓷，到了现在也许这是一件非常精致的瓷器，有的是由于残缺被降级到粗糙白瓷范围之内，因此在这里自然包括品相不佳的白瓷。粗糙白瓷的经济价值不高，这一点是显然的，原因有三，一是艺术和研究价值不高，或者有残缺；二是数量太多；三是延续时代太长，几乎是从白瓷产生之日起直至明清，乃至我们现代。由此可见，粗糙白瓷保值升值的功能并不是太强。收藏时应注意到这一点。

第四节 收藏保养

当您收藏到一件满意的古代白瓷之后，在欣喜的同时，保养自然也就成了最重要的问题，原因很简单，这些历经了千年之久的白瓷，今日呈现在我们面前时已经是十分脆弱，不堪再受到任何微小的伤害。在保养上，有一些基本原则要引起注意:

1、 防止磕碰。“轻拿轻放”这是防止磕碰的重要原则，虽然瓷器具有烧造温度高、硬度大的特点，但弱点也很明确，就是易碎，一旦受到外力的作用就会碎掉，一件价值连城的白瓷立刻便不再拥有收藏价值，这样的惨剧，几乎每一个收藏者都会碰到，因此我们要特别注意。切勿敷衍，不要随意去触摸白瓷（图 7-8），一旦要接触藏品，必须要先打起精神，作好预案。但是最好的防范方法显然还是少去触碰瓷器，特别是移动。举个例子，我国许多博物馆中的藏品放在库房中很多年不动，有的甚至几十年都不动，其实这是保护它们最好的方法，给了它们一个稳定的环境。

2、 注意清洗。通常情况下，人们收藏到一件白瓷都要清洗，一是由于人们的卫生习惯，二是出于对白瓷釉面的保护。但很多人是直接将白瓷放入自来水中浸泡清洗，这是很危险的事情，因为自来水中含有各种物质，这些物质很可能伤害到我

▲图 7-8　子母口白瓷盖盒　唐代

们的藏品；而通常情况下，在确定其无裂缝的情况下，将其放入无菌的纯净水中清洗，土蚀要用牛角刀试探性剔除，用酒精棉球擦干。但如果剔除不干净，千万不要强行剔除，以免伤害到瓷器的釉面，应找专业的修复机构来进行处理。

3、温湿度。白瓷保存环境中的温湿度是一个非常关键的环节，白瓷在各种质地的器皿中对温湿度的要求并不高，这是由于白瓷的抗高温、不吸水性的特性所决定，但白瓷通常情况下保存温度环境最好不要超过 45 摄氏度，最高不要超出 55 摄氏度，这是为了防止，热融胶修复过的器皿会因温度过高而发生脱落的危险。相对湿度通常应控制在 50% 左右（图 7-9）。

关于白瓷收藏保养的知识还有很多，但过于深邃、没有结论、还处在学术研究阶段的问题，不是我们讨论的范围，任何结论如果没有得到证明之前，本书认为都不应该在真正的古瓷器上进行测试，因为这是极不负责的行为。总之收藏者对于白瓷的保养要重视，不要使这些精美绝伦的白瓷受损，使这些历久犹新的白瓷能够继续穿越寂寥时空，这是我们所有人的愿望。

▲图 7-9　釉质滋润白瓷碗　唐代

下篇

白釉画花瓷

第一章 综述

数量

白釉画花瓷器是人们日常生活中的普通用瓷（图 1-1），墓葬和遗址内时常有见，从件数特征上看，墓葬出土多以 1 到 2 件为多，偶见十数件的情况，窑址和城址出土数量众多，窑址出土多为成百上千件，城址内也是白釉画花瓷器出土较为集中的地方，到处可以见到散落的白釉画花瓷器，总量比较大，往往以数万计。由此可见，白釉画花瓷器在总量上规模巨大。从窑口上看，以磁州窑白釉画花瓷器为主（图 1-2），以及受到其影响其他窑口所烧造的白釉画花瓷器，在历史上影响都很大。从时代上看，白釉黑花瓷器具有鲜明的时代特征，以宋代最为鼎盛，元、明、清继续烧造，但在数量上呈现出依次递减的趋势。

▲图 1-1　白釉画花瓷碗　宋代

▲图 1-2　“山高怎隔思乡梦”白釉画花瓷枕　宋代　林业

品相

白釉画花瓷器距离我们今天已经十分久远，再加之是民间窑场所烧造，在品相上表现出参差不齐的特征，今天我们所看到的白釉画花瓷器既有精绝之器（图1-3），更有普通甚至是粗糙的白釉划花瓷器，这与其民窑性质有密切关联；说实话很多白釉画花瓷器比较粗糙，在刚出窑时品相可能就有问题，再加之经过岁月剥蚀，有的是残缺不全；有的是磕碰损失严重；看来白釉画花瓷器在品相上比青瓷、白瓷等瓷器要略微逊色得多，特别是比具有官窑性质的瓷器在品相上要差。总之，品相佳的白釉画花瓷器有见，但数量很少，多出土于墓葬当中，遗址中很少见；普通瓷器墓葬和遗址都有见出土，数量众多；粗糙者在数量上也比较多，与普通瓷器基本相当。由此可见，白釉画花瓷器在品相上以精致瓷器为主，但以粗略的瓷器在品相上为最多。从时代上看，白釉画花瓷器精品以宋代为最，元代过于粗犷，明清时期又略显拘谨，可见在品相上白釉画花瓷器主要应该以宋代为显著特征（图1-4）。从完整与残缺器皿上看，完整器多出土于墓葬当中，窑址和城址之上出土白釉画花瓷器多为有残器，有的可能残缺为碎片，但有一些可能只是在品相上有一点点的擦伤及磕碰，从一般的规律性特征上看，有残缺的器皿在品相上应该逊色于完整器，

▲图1-3　精绝之器的白釉画花梅瓶　辽代

▲图 1-4　品相较好的白釉画花瓷器　宋代

▲图 1-5　精致的白釉画花瓷器标本　宋代

但古玩界“瓷器发毛分文不值”的说法，却不太适应白釉画花瓷器，因为白釉画花瓷器是当时人们生活当中的日用品，一是民窑生产；二是有很多器皿在当时都使用过，磕碰和微有残缺都是很正常的事情，这就使得其品相的整体水平降低了一个层次，这样看来我们不能用青瓷、青花瓷等的品相标准要求白釉画花瓷器，而是应该降低人们的审美观念。通常情况下完整的白釉画花瓷器应该就属于品相较好的瓷器，即使残缺者，由于残缺的白釉画花瓷器依然拥有着科研、艺术等的客观存在的价值，近些年来白釉画花瓷器残瓷也在逐步被人们认可，在精品和完整器皿被收藏待尽的今天，残缺的白釉画花瓷器正在从幕后走向台前（图 1-5）。由此可见，在盛世收藏的今天，传统的瓷器品相观也正在经历着改变。

胎色

白釉画花瓷器在胎色上十分复杂，各种胎色都有见，如灰黄胎、白胎、橙色胎、褐胎、黄胎、红胎、灰胎等，可见种类还是比较丰富，但从数量上看白釉画花瓷器在胎色上却是有很大区别，如灰黄胎的数量就比较多，而白胎的数量则是比较少，特别是纯正的白胎在数量上就更少了；橙色胎、褐胎、黄胎、红胎、灰胎等胎色在数量都比较多，而且在比例上呈现出较为均衡性，并没有发现过于规律性的特征（图1-6）。另外，由于白釉画花瓷器在胎色上整体比较差，所以胎色可以直接反映白釉画花瓷器品质优劣的功能大为弱化。从窑口上看，白釉画花瓷器在胎色上并没有表现出过于复杂性的特征，各个窑场烧造在胎色上基本相似，在这里就不再赘述。从时代上看，不同时代的白釉画花瓷器在胎色上表现也不是很明显，但总的趋势是纯正的色彩少，相互色彩融合起来的杂色多，灰黄、灰黑、灰褐等色彩都比较常见。总的来看，白釉画花瓷器在胎色上表现出了较强复杂性和无规律性，但有时无规律恰恰即是规律性，而这些时代和窑口上纷繁复杂的胎色特征，在客观上显然已经成为重要的鉴定依据，可以用来判定白釉画花瓷器的真伪、时代、以及价值。而在本书中将专门使用一个小节来对白釉画花瓷器的胎色特征进行阐述，以帮助读者进行鉴定。

▲图 1-6　橙色胎白釉画花瓷器标本　宋代

釉色

白釉画花瓷器的在釉色上是一个复杂的集合体，它并不是像名字那样的单纯，白釉只是白色调釉色的一个总称（图 1-7），而我们知道白釉在色彩上相当复杂，有着众多分支色彩，以及由这些分支色彩所衍生出来的色彩，如常见的白釉色彩就有雪白、纯白、灰白、鸡骨白、乳浊白、象牙白、猪油白等，当然这些都是一些基本色彩，在这些基本色调之下还有其更为复杂的衍生色彩，如白釉泛黑、白釉泛黄、白中泛青、白中微泛青、白中泛青灰等。由此可见其釉质色彩的繁复。不过通过观察白釉画花瓷器在釉色上的表现，主要以基本色彩为显著特征，衍生色彩为辅助，但这些基本色彩在出现的频率上不同，如真正意义上的雪白釉就很少，纯白色有一些，灰白比较多，鸡骨白只能说是偶见，乳白釉有见，象牙白釉比较常见，猪油白也只能说是偶见等。再来看其衍生色彩，如白釉泛黑、白釉泛黄、白中泛青、白中微泛青、白中泛青灰等的色彩有见，但数量很少，不能与主流色彩相提并论，但这一点恰恰成了重要的鉴定依据。另外釉色的不同也反映出了不同时代、不同窑口所出土的白釉画花瓷器在精致程度上的异同，如纯白釉的瓷器多为精致瓷器，但反过来精致瓷器在釉色上却并非都能达到纯白的程度。本书将从多个方面来揭示白釉画花瓷器釉色，并设计了大量图文的互动，进行详细的论述，希望能够使读者游刃有余地进行对比鉴定。

▲图 1-7　白釉画花瓷器　宋代

窑口

白釉画花瓷器在窑口上具有鲜明的特征，以磁州窑烧造为主（图 1-8），当然磁州窑不仅仅是烧造白釉画花的瓷器，但多数白釉画花瓷器为磁州窑烧造，或者是具有磁州窑风格，磁州窑白釉画花瓷器自北宋时期烧造成功，历经宋元明清等历史时期都深受人们喜爱，宋代达到鼎盛，元代开始略有衰落，但这种衰落并不明显，明清时期依然有烧造，只是由于青花瓷的兴起，在数量上略有下降而已。磁州窑的窑址在今天河北省磁县境内，以观台镇、彭城镇为中心，并以此为中心向外扩散，窑址广及河南（图 1-9）、山西等地，影响至大河上下，大江南北，地域上空前广大，显然形成了巨大窑系。 磁州窑实际上是一个巨大的民窑体系，其所生产的产品非常多，如白釉剔花、白釉刻花、白釉黑剔划花、白釉黑绘、白釉黑绘划花等都有见，

▲图 1-8　白釉泛黄画花瓷器标本　明代

▲图 1-9　磁州窑白釉画花瓷器　宋代

▲图 1-10　磁州窑白釉画花瓷器　宋代

而白釉画花只不过是其众多产品中的一个重要品种，磁州窑白釉画花瓷器与其他磁州窑烧造的瓷器品种在诸多方面应有着异曲同工之妙。我们在鉴定时应注意相互之间借鉴。磁州窑是瓷器鼎盛时代的产物，虽然带有浓郁的民间气息，但在烧造技术上十分娴熟，在烧造态度上也十分认真，其胎体略厚，釉质滋润，釉层较厚、润泽，只是在胎体的选料和淘洗上较为粗糙而已，目的显然是为了节省成本，可以说磁州窑产品形成了自身独有的气质，磁州窑白釉画花瓷器气魄非凡，是以极低的价格“通销天下”，在当时瓷业竞争激烈时代当中傲然屹立（图 1-0），以极快的速度成为人们生活当中的日用器皿。所以，我们在鉴赏之时首先要从窑口上了解白釉画花瓷器。

功能

白釉画花瓷器在功能上具有鲜明的特征，由于多为日常生活用具，而且又是一个真正意义上的民间窑场，主要以实用为主，陈设、装饰的功能为辅助。白釉画花瓷器既有碗盘等进食器，也有枕等日常生活用品。总之，白釉画花瓷器在人们生活中的功能是细化的，所谈功能首先应该是实用（图 1-11）。从实用与装饰的融合性上看，白釉画花瓷器这类器皿以枕为最常见，一是从造型上来表现，如有白釉画花瓷枕为如意形，束腰形等，结合枕面的花卉，给人以美的感觉。二是以诗词或者诗词配合花卉为饰；这样白釉画花瓷枕在人们的不知不觉中实现了实用与装饰的完美结合。其次白釉画花瓷器的重要特征就是陈设、装饰的功能，专有陈设装饰功能的代表性器物就是白釉画花瓷瓶，江苏南京市戚家山明墓发掘了 1 件白釉黑彩瓷瓶

▲图 1-11　磁州窑白釉画花瓷器　宋代

▲图 1–12　白釉画花瓷碗　金代

(M2:3)。出土于前室坍毁处。小口，翻唇，圆肩，腹内收，平底略外撇。胎色灰黄，质地较粗；釉色灰白而较均匀，上有细裂纹，底部无釉。肩部饰一周 7 组连续缠枝莲花纹，其上饰一周如意云纹，其下饰一周连弧状的简化仰覆莲纹。口径 10.4 厘米、腹径 29.6 里面、底径 16 厘米、高 38.5 厘米。我们来看的这件瓷瓶是造型隽永，雕刻凝烁，连续的花卉纹将整个器物造型衬托的精美绝伦，在墓主人死后还将它随葬在墓的前室，看来生前这件白釉黑彩的瓷瓶在功能上也是陈设与厅堂之上的，从实物观测来看，像这样瓷瓶如此高大，口部很小，有可能盛放一些酒等液体，但大器真正是酒瓶的很少见，主要以陈设为显著特征。但白釉画花瓷器的功能并非是一成不变的，可以说在不同时代、精致程度以及窑口等诸多条件的限制下存在 (图 1-12) 。而本书试析了不同条件下的白釉画花瓷器功能，相信会对读者有所帮助。

收藏保养

收藏到了一件白釉画花瓷器的保养显然是一个沉重的话题，一般情况下会是一喜一忧，喜悦的是收藏者可以随时、随地拿出自己青睐的白釉画花瓷器把玩、欣赏，特别是一些收藏者会将白釉画花瓷瓶等放置在客厅内，用来装饰现代家庭，凡是看到的人无不赞叹。但沉重的话题是担心瓷器被损坏，以及灰尘清扫等问题，古玩界的一句老话可能始终萦绕在众多收藏者的耳边“瓷器发毛，分文不值”，瓷器一旦损坏即使修复的再天衣无缝，也是无法挽回的事情，很令人痛心，历经了千年都没有损坏，到了我们的手中却损坏了（图 1-13）。因此保留其原有风貌，不让其受到丝毫损失，显然是每一个人收藏者比经济价值更重要的责任；再者如果真的是有损，客观上讲也会对其价值造成无可估量的损失，一件精品从此有了瑕疵，价格会一落千丈，或者是有价无市。关于一般性保养，本书总结四点。

一、防止磕碰

二、减少移动

▲图 1-13　花卉纹白釉画花瓷器标本　宋代

▲图 1-14　磁州窑白釉画花瓷罐　辽代

三、相对温度

四、相对湿度

在正文中将对这几点一一进行分析，不过白釉画花瓷器的保养相当复杂，并非以上四点就能解决所有问题。但本书所论述的问题也极为现实，面对一个不懂得任何保养知识的收藏者，在没有专业库房的条件下如何保养这一难关，是本书讨论的问题（图 1-14）。相信对其有帮助，所以深度问题，或者有争论的方法暂不涉及。总之，通过我们的努力使这些精美绝伦的白釉画花瓷器不要受损，“历经千年而犹新”是我们共同的心愿。

第二章 完残

完好

白釉画花瓷器完好无损的器皿有见，墓葬和窑址、城址中都有见，但从数量上看主要以墓葬出土为主，墓葬出土多为 1 到 2 件（图 2-1），当然更多的情况也有见，窑址、城址出土的数量基本和墓葬相似，可见出土数量很少，特别是城址在数千件的白釉画花瓷器中不一定有 1 件是完整的器皿，由此可见，遗址出土白釉画花完整器皿的比例小到了何种程度。这样从总量上看，完好无损的白釉画花瓷器规模不大。当然遗址之上白釉画花瓷器的鲜见主要与其保存环境有关，城址从宋代到清代经过很多次扰乱，大多完整的器皿在这一过程当中都会变为碎片。而墓葬就不同了，有一个相对稳定的空间，只要是不经历盗墓或者是地震的袭扰，一般下葬用的白釉画花瓷器都会原封不动地保存下来。窑址上的白釉画花瓷器鲜见完整器皿的原因与保存环境有一定的关联，但并不是直接原因，其实即使保存再好的窑口完整器皿都是非常少见，原因是白釉画花瓷器在当时都是销售的民窑用瓷，讲究成本，完整器皿一定会在当时就被销售掉了，大规模库存的可能性不大，所以窑口上有的、能够尘封到今天的多是一些在当时烧坏或者打碎的白釉画花瓷器，这一点我们在鉴定时要注意分辨。不过一旦保存下来的完整器，由于胎体比较厚重，瓷化程度高，胎体坚硬，所以一般都会保存的比较好，很少有裂缝和裂纹等现象，真可谓是完好无损了。从时代上看，白釉画花瓷器较特征不是明显，这是因为完好无损的白釉画花瓷器由于以上所述诸多原因，其出现具有相当程度的偶见性，整体来看各个时代白釉画花瓷器完整器皿数量基本相当。

▲图 2-1　白釉画花瓷器标本　宋代

残缺

残缺的概念很容易理解，就是白釉画花瓷器不仅残，而且还发生了缺失，因此这是一个综合的概念。白釉画花瓷器残缺的情况比较复杂，从程度上看，可以分为严重残缺和轻微残缺。我们具体来看一下：

1、轻微残缺。轻微残缺的白釉画花瓷器比较多见，一般是指残的不严重、缺失的部分不多，如口部少了一块等（图 2-2），这些都属于轻微残缺的范畴，轻微残缺一般可以复原，只有极个别的器皿不能恢复造型。在数量上，白釉画花瓷器轻微残缺的情况不是很严重，并不是随处都有见，这得益于白釉画花瓷器较厚的胎体，高温的坚固性，使其抗外界受力的强度比较大，一般的外力可能不能对其造成伤害，但一旦外力过大，可能就是粉身碎骨，支离破碎，成为碎片，因此从总量上看，轻微残缺在数量上不占优势。从时代上看，轻微残缺的白釉画花瓷器在宋元和明清各代数量都比较丰富，并无过于复杂化的时代特征。鉴定时注意分辨。

▲图 2-2　轻微残缺白釉画花瓷瓶　辽代

▲图 2-3　严重残缺白釉画花瓷器标本　明代

2、严重残缺。白釉画花瓷器中严重残缺的情况比较多，这种情况以窑址、城址出土为主要特征，其显著特征是残缺比较严重，剩下的内容已不多（图 2-3），有的偌大的一个器物仅仅剩下了手掌心那么大的一块，或是仅仅剩下的是底足的一部分，或者剩下片状，当对于白釉画花瓷器而言这种情况还不是很严重，很少见碎为极小片的情况，因为毕竟胎体比较厚，瓷化程度高，硬度较大，再者就是白釉画花瓷器严重残缺的程度与其造型也有一定的关联，实践中发现如碗盘等器皿碎的程度比较严重，但罐瓶等器皿多数能够剩下大半个底足，有的还略微能够见到一点腹部造型，另外，与具体的部位也有一定的关联，底足部分可能残缺的程度小一些，一般能有半个或者是少半个底足，而对于口沿或者腹部就剩下的比较少了，特别是口沿部是各种白釉画花瓷器标本中最缺少的，对于这些严重残缺的情况，我们在鉴定时要注意分辨。而且严重残缺有一个显著的特征是，缺失的部分找不到了，如果能找到，像有些墓葬中的白釉画花瓷器即使碎成了数百片，但最后通过修复都可以

▲图 2-4　严重残缺白釉画花瓷器标本　宋代

将其完整地粘连起来，这样的器皿只能是残器，而不能称之为严重残缺的器皿。从数量上看，严重残缺的器皿几乎占到整个白釉画花瓷器遗存的大部，白釉画花瓷器的命运令人感叹，在经历数百年之后，白釉画花瓷器的完整器真的是太少了（图 2-4），所以我们一定要保护好它，使它不再受到伤害。从时代和窑口上看，严重残缺并无过于复杂的特征，从比例关系上看基本上呈现出均衡发展的趋势。

复原

白釉画花瓷器中可以复原的器皿常见，从概念上看，复原顾名思义就是残器可以恢复原样的造型，因此复原的对象首先是残器，残器主要包括两种：一是自然复原；二是模具复原。我们先来看自然复原，这种残缺主要是指有残，但没有缺少组件的白釉画花器皿，如一堆碎片，将其拼接成一件完整的器皿，恢复其原有的造型，这样的复原我们也称为简单复原。模具复原是指必须借助模具才能将器物复原的情况，称为复杂复原，这种情况的确比较复杂，往往是器物有严重残缺，但万幸的是还剩下了口沿到腹部以及底足的标本，这样的器物即使一个窄片状的形状，通过模具打模其完整的一面，之后逐渐拼合，完全可以将其造型复原（图 2-5）。在数量上，这类器皿时常有见，只不过在所见位置有着很大的不确定性，墓葬中较为常见，窑址、城址上也经常可以看到。从时代上看，比较白釉画花瓷器可以复原器，特征不是很明显，各个时代都有见，但可能宋代要多一些，金元时期的数量也不少，明清时期要少一些，因为明清时期距离现在比较近，多数在墓葬当中保存比较好，而遗

▲图 2-5　可复原白釉画花瓷盘（外壁）　明代

▲图 2-6　可复原的白釉画花瓷碗　明代

址上的多数已经变成了严重残缺、不能复原其形状的器皿（图 2-6）。由此可见，可复原器显然是白釉画花瓷器的重要组成部分，具有重要的研究价值，因此可复原的白釉画花瓷器无疑是今后收藏市场的一个方向，犹珍的残瓷蕴涵着巨大的收藏价值。同时还要注意一点，这些可复原的残瓷常被一些作伪者修复后作为整器来牟利，由于其一部分是真的，所以有的时候真的是真伪难辨。我们在鉴定时要注意分辨。

缺失

缺失顾名思义就是有残缺的白釉画花瓷器，残缺部分无法找到，从而不能形成口沿、腹部以及底足的整体，无法复原器皿。这类白釉画花瓷器数量众多，墓葬和窑址、城址内都有见，但墓葬所见数量较少，主要以窑址、城址为主，着重是城址，数量众多，可以说多数都无法复原；窑址的情况要好一些，但有很多也不能复原，原因很简单，就是在当时这些烧窑的垃圾堆来回扰乱，最后理论上可以复原的器皿都不能复原了（图 2-7）。从时代上看，白釉画花瓷器在

▲图 2-7　无法复原的白釉画花瓷器标本　明代

▲图 2-8　无法复原的白釉画花瓷器　宋代

数量上相差比较大，宋元时期比较多，明清时期少一些。从精致程度上看，缺失的情况与白釉画花瓷器的精致程度关系不大，因为缺失具有偶见性，所以无论是精致、普通、粗糙的白釉画花瓷器之上都有可能出现不可复原的情况。从造型上看，造型复杂器皿不可复原的可能性比较大，因为造型太复杂了，一个组件丢失，就不能再复原。而简单器皿，像白釉画花瓷器碗这样简单的造型就很容易复原。体积较小和对称的器皿容易复原，反之则很难，试想一个不规则的造型，即使是有底有口沿的器皿，我们也不知道它的另一面究竟是什么样（图 2-8）。鉴定时我们要注意分辨。

裂缝

白釉画花瓷器中有裂缝的情况有见，裂缝形成的原因很多，这种器物多是为外力作用的结果，一般情况下白釉画花瓷器经受不住巨大的震动而产生裂缝，从而使白釉画花瓷器胎体分离。但对于白釉画花瓷器而言，因为胎体很坚固，所以一般的外力和震动不足以让其胎体断裂分离，而只有受到了较大外力的作用才会这样，所以有裂缝的白釉画花瓷器多数可能只有一种情况，这就是支离破碎的情况，我们能够见到有裂缝的瓷器可能就是经过修复能够复原的器皿，这类白釉画花瓷器的裂缝虽然经过拼接，如果是在博物馆中通常裂缝较为明显（图 2-9），人们可以清楚地看到裂缝拼接的过程，因为考古修复不需要将修复的过程掩盖起来。但在市场上作为收藏品概念就完全不一样了，很多有裂缝的白釉画花瓷器在修复时掩盖了一切，看起来好像是完好无损，没有任何缺憾的白釉画花瓷器，很可能就是由裂缝拼接起

▲图 2-9　考古修复裂缝明显的白釉画花瓷碗　明代

来的复原器，再加之白釉画花瓷器修复起来比较容易，所以这类器皿的数量在市场上占到相当大的比例。我们在鉴定时要注意到这种现象。下面我们来看一些辨别方法，主要有两种：一是听声音；二是做检测。来看一下：

第一种听声音，完好的白釉画花瓷器叩之可发出清脆悦耳的金属声，而如果有裂缝的白釉画花瓷器声音听起来沉闷，犹如沙哑之声。这一点许多瓷器都是这样，同样白釉画花瓷器也不例外。二者区别明显。鉴定时注意分辨。

第二种做检测，这种方法有很多种，许多光学仪器都可以实现，可以很明白地看到瓷器是否经过修复，和釉内是否有裂缝。方法简便易行，一般的文博系修复实验室内都可以检测。

其实做一些检测是必要的，因为有些修复已经天衣无缝，不用仪器很难判断，再者时间也是检验的重要标准，无论什么样的检测都要能够经得起时间的考验，在实践中经常发现一些裂缝被修复的相当好，但是经过几年以后，经修复地方的色彩和周边就又有些区别，我们在鉴定时要注意这种现象。

从时代上看，有裂缝的白釉画花瓷器在各个时期数量比较丰富，但因为有偶见性，我们不能说哪个时代更为丰富。从复原和非复原器上看，有裂缝的器皿主要在复原器上出现，因为只有复原器皿才有修复的价值，近些年来由于收藏热的兴起，在某种程度上促使一些人将一些不具备复原条件的残瓷，进行虚构想象后修复，这类造型很多，以碗、盂、盒、瓶、罐等造型都有见，这样的器皿对于科学研究是有害的，因为科学是不能靠想象得来；有时我们也会有这种猜想，看到件残器，很肯定地想象它的另一面是什么样子，但或许在某一天一件同类的器物真的出现在你面前的时候，你会发现它往往会无情地否定你曾经有过的想法，因此对于没有直接证据的白釉画花瓷器的复原一定要慎重。

变形

白釉画花瓷器的造型技术已十分娴熟，可以制作出众多高难度和复杂程度较高的器物造型，如瓶、碗、盘、罐、枕、壶、坛、尊、钵、盒、 洗、盆、奁等，在造型上质朴而不俗，如枕的造型就有八角、如意、银锭、长方、束腰、鸡心、花瓣等造型，其他瓶等造型也非常复杂，可见造型十分丰富，将造型艺术发挥得淋漓尽致，尽乎完美。从整个造型来看，白釉画花瓷器不仅仅技术高超，而且在烧造态度上近乎虔诚，对于每一件器物的烧造，从选料、滔洗到胎体厚薄设计、成型等诸多方面都是精益求精，所以在成型上几乎没有任何问题，很少发现白釉画花瓷器在整体造型上有变形的情况（图 2-10）。从时代上看，白釉画花瓷器在时代特征上并不复杂，各个历史时期基本上都很少见到变形的器皿，即使有也都是偶见。从窑口上看特征较为明确，无论似乎磁州窑还是仿烧磁州窑的窑系所烧造的白釉画花瓷器中都很少见到变形器。从精致程度上看，白釉画花瓷器的精致程度与变形现象从理论上讲有一定的关系，从理论上看，精致的白釉画花瓷器变形器应该少，而普通和粗糙的白釉画花瓷器则是依次递增，但事实的情况并不存在这种比例上的关系，而是无论精致与否的白釉画花瓷器在造型上基本都不见变形器。由此可见，白釉画花瓷器中变形器皿多为偶见，几乎可以忽略不计，但这一点在很长时间内不为人们所知，从已存在的伪器当中发现了很多这一时期变形器，如果我们在市场上看到了这样的器皿应该引起警惕，首先看其是否为伪器。从目前古玩市场上观察得到的情况来看，这一些伪器不仅仅是胎体有变形现象，而且还伴随有厚度不均、烧造温度不够等缺陷。鉴定时应注意分辨。

▲图 2-10　略有变形的白釉画花瓷碗　明代

土蚀

白釉画花瓷器土蚀的情况时常有见（图 2-11），在数量上墓葬和窑址、城址内都有出土，墓葬出土偶见 1 到 2 件，窑址、城址出土数量比较多，数十上百件的情况都有，从总量上看，白釉画花瓷器有土蚀者规模比较大，大有白釉画花瓷器之上都有土蚀之势，当然现实情况显然不是这样的，因为无土蚀的白釉画花瓷器也是经常有见，只是在数量上比较少而已。其实这一点很好理解，我们可以从土蚀形成的原因上分析，土蚀不是一种窑内缺陷，它是在后天由于保存环境的不同所造成的，如在泥土中由于潮湿等诸多原因而发生的化学反应所致，所以只要保存环境比较好自然就不会产生土蚀现象，土蚀的程度有深有浅，一般情况下，我们将不能清洗掉的土渍定性为土蚀。而白釉画花瓷器由于在墓葬当中保存环境比较好，有的可能未与泥土接触，所以在土蚀状况上比较良好，但更多的白釉画花瓷器是遗址内保存，特别是城址内的瓷器与泥土终日为伴，经过雨水浸泡后就很容易形成土蚀，所以土

▲图 2-11　略有土蚀的白釉画花瓷器　宋代

▲图 2-12　略有土蚀的白釉画花瓷器标本　金代

蚀的情况以遗址为多见。从地域上看，白釉画花瓷器土蚀的缺陷特征明显，在我国南方地区的土蚀往往较为严重，如南京、上海等地，出土的白釉画花瓷器之上的土蚀异常严重，这主要是受到南方地区雨水多，气候潮湿有关。而北方地区的白釉画花瓷器在土蚀上要好得多，北方地区如河南、山西等地出土白釉画花瓷器，在土蚀上基本不是很严重，这一时期相当多的白釉画花瓷器之上光洁如初，根本就没有土蚀，当然这与北方地区地下保存环境好，干燥等易于保存的因素有关；但从南北方的土蚀的数量上看基本相当，虽然南方地区土蚀比较严重，但南方地区白釉画花瓷器的数量比较少，白釉画花瓷器瓷窑系主要在北方地区，所以北方地区白釉画花瓷器有土蚀从比例上看会比较大，这从实际数量上就与南方地区形成了一个对应的关系，这种概率性的鉴定结论，我们在鉴定中要注意使用。从土蚀的程度上看，由于白釉画花瓷器在温度上比较高，所以釉质被烧结程度比较好，一般情况下过于严重的土蚀不易形成，从多数实物观测来看以轻微土蚀为显著特征（图 2-12），而这种土蚀在具体部位上的特征也不是很明显，多数是通体性的。鉴定时要注意分辨。从时代上看，白釉画花瓷器上的土蚀时代特征并不明显，各个时代从比例关系上看基本相当。

磕伤

▲图 2-13　有口磕的白釉画花瓷碗　元代

白釉画花瓷器磕伤者有见，磕伤顾名思义就是磕碰而形成的痕迹，所有的磕碰痕都可以归入磕碰的范畴，那么从理论上看，任何一种瓷器都无法避免磕碰的现象，因为无论胎体多么坚固，但在釉质上都是脆弱的，同样白釉画花瓷器也不能幸免，如口磕、足磕、腹部磕伤、沿部磕伤等都有见，墓葬和窑址、城址当中也有见，墓葬常见 1 到 2 件，窑址、城址数量众多，很多白釉画花瓷器都有磕伤留下的痕迹（图 2-13）。从成因上看，白釉画花瓷器磕碰形成的原因主要有三方面，一是同时期由于使用形成的磕碰，白釉画花瓷器本身就是实用器皿，在当时人们使用时磕碰显然是难以避免的，不过这种磕碰通常比较轻微，严重磕碰痕迹很少见到，特别是大件器皿，如白釉画花瓶等由于器形硕大，在当时的功能主要为陈设器，很少被移动，再者由于胎体较厚，烧造温度高，胎体异常坚硬，所以碰掉如严重口磕的情况不是很现实，事实上从发掘的情况来看的确也很少见。而像白釉画花碗等口部磕碰掉一个小豁的情况就比较常见了，由于并不影响人们的进食，在当时并未扔掉，而是继续使用，后来尘封下来直到今日呈现在我们面前。二是今天人们对它的伤害，如发掘出来白釉画花瓷器在整理时没有注意而形成的磕碰，或者是搬动时不小心形成的碰伤，这种磕伤通常也不是很严重，但都是新茬。从时代上看，白釉画花瓷器在时代特征上特点比较明晰，由于具有偶发性，所以在比例上我们不能用均衡性的特征来衡量。

失亮

失亮白釉画花瓷器时常有见，失亮从概念上看比较容易理解，就是白釉画花瓷器釉面失去亮光，或者是光泽受损，从数量上来看并不丰富，墓葬和窑址、城址内虽然有见，数量多为 1 到几件，遗址出土数量多一些，数件的情况有见。从时代上看，各个历史时期都有见，并没有过于规律性特征。从成因上看，白釉画花瓷器釉质失亮的原因一是窑内失亮，二是土蚀或者是风雨剥蚀，起了化学反应，使白釉画花瓷器釉面有失亮，或者是局部失亮的情况，从实物观测上看，白釉画花瓷器局部失亮的时候应该是有见，只是数量比较少。由此可见白釉画花瓷器并不避讳失亮（图 2-14），对于白釉画花瓷器釉质的失亮也并没有过于苛刻的要求，并不像我们现在人从收藏、品相、升值的角度来看釉质失亮有这么严重，而是只要可以实用就可以了，其它并不重要。这一点我们在鉴定时要注意分辨。从精致程度上看，白釉画花瓷器在精致程度上特征比较复杂，窑内失亮的情况精致瓷器很少见，以普通和粗糙瓷器为多，但是在受腐蚀的情况下失亮，由于具有偶发性，其与是否为精致瓷器关系不大。从窑口上看也是这样，没有过于复杂性的特征。

▲图 2-14　失亮的白釉画花瓷器　　金代

第三章 釉色

概念

白釉画花瓷器釉色的概念比较复杂，白釉画花瓷器实际上就是在白色的化妆土上绘画，然后罩上一层透明釉，之后入窑烧造，最终呈现出白釉画花的美丽图案（图 3-1）。这是白釉画花瓷器的一大特色，稀薄的釉质最大程度地节约了成本，而且又烧制出了绝美的作品。但白釉画花瓷器在釉质上却并未达到青花瓷透明釉那样的纯正，和施加透明釉的决绝，它所表现出的多是一种概念性的思维，而真正在实践中观测数千件白釉画花瓷器，白釉画花瓷器在釉质上有很多就是普通的白釉，只不过这种白釉较为稀薄而已，因此可见，白釉画花瓷器的釉色实际上是白釉色彩和化妆土色彩融合的结果。

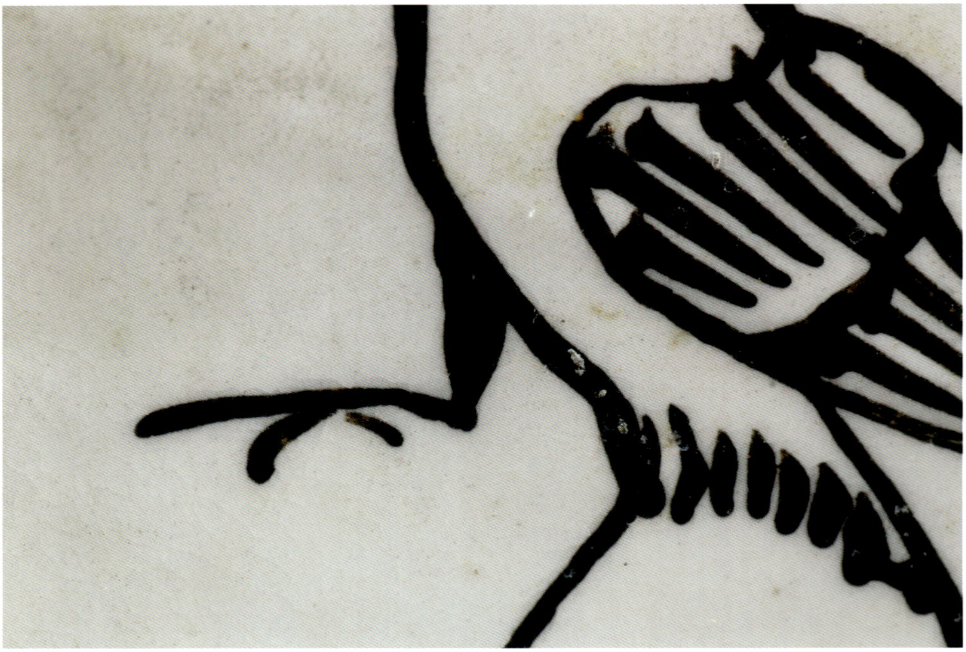

▲图 3-1　图案清晰　白釉画花瓷器　宋代

雪白釉

背景信息：雪白釉色的白釉画花瓷器有见，墓葬和窑址、城址内都有出土，件数特征多为1到2件，总量很小，几乎可以忽略不计（图3-2），通常雪白釉色的白釉画花瓷器其他方面也都会好一些，纹饰线条具有规整、流畅、苍劲等特点，为白釉画花瓷器中的精品力作。

▲图 3-2　雪白釉白釉画花瓷器　宋代

鉴定要点：

1、从色彩上看，这类色彩目的显然是要模仿邢窑白瓷的精美绝伦，它所使用的化妆土细腻洁白，画花线条漆黑，规整，釉质滋润，比普通釉质略显稠密，烧造出的效果“类雪似玉”，精美绝伦，几近精致白瓷釉色在白釉画花瓷器上的再现。

2、从时代上看，雪白釉色的白釉画花瓷器生存的环境主要在宋代（图 3-3），金元和明清时期几乎不见，看来仍然为唐代遗风的延续。

3、从窑口上看，白釉画花瓷器窑口特征明晰，以宋代磁州窑为显著特征，窑系产品中很少见，如河南禹县扒村窑、山西介休窑、浑源窑、大同窑等，都很少见到这种精致的白釉画花瓷器。

▲图 3-3　雪白釉白釉画花瓷器　宋代

4、从光泽上看，光泽淡雅，润泽，细腻，柔和，整个白釉画花瓷器通体闪烁着非金属的油脂性光泽。

5、从精致程度上看，雪白色的白釉画花瓷器与精品瓷器关系密切，基本上都是精品力作，普通和粗糙的白釉画花瓷器中几乎不见。

黄白釉

背景信息：黄白色彩的白釉画花瓷器时常可以看到（图 3-4），墓葬和窑址、城址内多有见，墓葬件数特征通常为 1 到 2 件，遗址出土数量比较多，数十上百件的情况都有，可见总量上规模比较大，为白釉画花瓷器最为普遍的釉色之一，在数量上居于统治地位。

▲图 3-4　黄白釉白釉画花瓷碗　元代

鉴定要点：

1、从色彩上看，“黄白”釉色并非真正的黄白，而是表现得比较模糊，但从大体上看显然是黄色与白色的融合色调，其显著特点是非常稀薄，通透性比较好，丝毫不会影响到釉下画花的显现。白色的化妆土不是那样的纯正，色彩偏向灰白色，黄白釉的色彩阶段跨度比较长，有的偏黄比较多一些，而一些则是偏白多一些，但在一件器物之上其色彩还是比较稳定。

2、从时代上看，黄白釉白釉画花瓷器时代特征明晰，各个历史时期都有见，宋金、元明、清等时代都比较鼎盛。

3、从窑口上看，黄白釉的白釉画花瓷器在窑口特征上具有一定的复杂性，不仅仅磁州窑有烧造，其他各大窑系的窑场也都有烧造（图 3-5），如河南汤阴窑、鹤壁窑、郏县窑、禹县扒村窑、山西霍县窑介休窑、浑源窑、大同窑，陕西铜川窑等都大量生产了这一类型产品，可以说是这些窑场的主流产品。

4、从光泽上看，黄白釉的白釉画花瓷器在光泽淡雅，柔和，偶见局部有光泽过亮的现象，反射出耀眼的光芒，实际上黄白釉色也最大限度地降低了光泽过亮现象的出现，有一些油性的光泽。

5、从精致程度上看，黄白釉的白釉画花瓷器在精致程度上特征十分鲜明，很少见有精致者，基本上以普通和粗糙器皿为主，普通器皿在数量上占据绝对统治地位。鉴定时注意分辨。

▲图 3–5　磁州窑黄白釉的白釉画花瓷器标本　宋代

灰白釉

背景信息： 灰白色的白釉画花瓷器有见，墓葬和遗址内常有见，出土数量多为一到几件，遗址出土数量较丰，数十件的情况有见，看来在总量上有一定的量，为白釉画花瓷器在釉色上的主流色调之一（图 3-6）。

▲图 3-6　灰白釉白釉画花瓷器　金代

鉴定要点：

1、从色彩上看，灰白釉的白釉画花瓷器色彩不是很纯正，逐渐偏向了灰色，这一点看起来很明确，这种釉色的形成实质上是化妆土的色彩由纯白转向灰白，再加之白釉的色彩也由白色偏转灰白所共同形成，可见白釉画花瓷器在釉质的质量上的确是有一定的问题，当然这可能与民间窑场、成本节约等有密切关系。由于釉质非常的稀薄，实质上并不会在很大程度上影响到白釉画花瓷器在纹饰上的表现。

2、从时代上看，灰白釉的白釉画花瓷器在时代特征上不是很清晰，因为各个历史时期，宋代有见，金元和明清都有见（图 3-7），显然为各个历史时期白釉画花瓷器在釉色上的主色调。鉴定时要注意分辨。

3、从窑口上看，灰白釉的白釉画花瓷器窑口具有普遍性，当时许多窑场都有烧造，过多不再赘述。

▲图 3-7　灰白釉白釉画花瓷器　金代

4、从光泽上看，灰白釉的白釉画花瓷器显现出浓郁的民间窑场风格，由于色彩的灰白成分，从一定程度上降低了其光泽光亮的程度，但由于烧造温度比较高，即使是灰白釉却丝毫不影响其光泽的程度，仍有一定的亮度，但看上去已接近柔和，伴随着油脂的光泽。

5、从精致程度上看，灰白釉的白釉画花瓷器在精致程度上基本与精致瓷器无缘，主要以普通瓷器为主，粗糙瓷器为辅。鉴定时注意分辨。

乳白釉

背景信息：乳白釉的白釉画花瓷器有见，墓葬和遗址当中都有见，件数特征多为1件（图3-8），总量很少，但应为白釉画花瓷器釉色中的重要品类之一。

鉴定要点：

1、从色彩上看，乳白釉像乳汁一样的白色，故名为乳白，这种色彩具有较强的生命气息，非常具有亲切感，所以被各种白色调瓷器所模仿，同样白釉画花瓷器也不例外，这种釉色在白釉画花瓷器上表现就是模仿得惟妙惟肖，而且在釉色之下还配有风格疏朗的线条纹饰，更使得瓷器精美绝伦。在色彩上属单色的范畴，使用了比较优良的化妆土，釉质略微稠密，釉下黑彩等也相应色调加重，共同营造了一个亦真亦幻的乳白釉白釉画花瓷器品类。

▲图3-8　乳白釉白釉画花瓷器　明代

2、从时代上看，乳白釉白釉画花瓷器时代特征比较明确，虽说各个时代都有见，但比较而言，以宋代最多（图3-9），元明清等次之。

3、从窑口上看，乳白釉白釉画花瓷器各个窑口都有见，不仅仅是磁州窑有烧造，其他窑系的窑场也有烧造，不过是烧造的数量没有磁州窑多而已。

4、从光泽上看，乳白釉的白釉画花瓷器光泽淡雅，滋润，如涓涓溪流的母乳，在弱光泽的照射下色彩柔和，闪烁着非金属的柔媚光泽。

5、从精致程度上看，乳白釉白釉画花瓷器多是精致白瓷，普通白瓷有见，但数量很少，粗糙白瓷基本不见。鉴定时要注意分辨。

▲图 3-9　乳白釉白釉画花瓷器　宋代

白釉泛黄

背景信息：白釉泛黄的瓷器有见，墓葬和窑址、城址当中都有见，几乎每一座墓葬中都有见，从出土件数上看，墓葬出土多为 2 到 3 件为多，但窑址、城址当中由于出土白釉画花瓷器数量较多，有时多达数十上百件，由此可见，在总量上规模比较大（图 3-10），应为白釉画花瓷器在釉色上主要色调之一。鉴定时要引起注意。

▲图 3-10　白釉泛黄白釉画花瓷器　元代

鉴定要点：

1、从色彩上看，白釉泛黄釉从概念上看，显然属白釉的衍生色彩，这一点是不可置疑的，因为它的主色调很明确还是白釉，只是这种色彩发生了一定程度上的衍生性，伴随着黄釉的共生，但显然黄釉所占据的只是从属的地位。这种衍生色彩是任何一个历史时期的白釉画花瓷器上都不可避免的通病，然而就是这样一种色彩却成为白釉画花瓷器的主流，由此可见其深度的民窑性质（图 3-11）。从化妆土上看其实没有变黄的迹象，但也不是纯正的白色，主要是罩上的透明釉在色彩上发生了衍生性，并从根本上导致了白釉泛黄的白釉画花瓷器的产生。从釉质稀稠上看，比较稀薄，这样泛黄的色彩基本上不会对视线形成障阻，影响到人们对于纹饰的观瞻。

2、从时代上看，白釉泛黄釉的画花瓷器具有鲜明的时代特征，各个历史时期都有，宋、元、明、清各个时代从比例上看，具有均衡性的特征。

▲图 3-11　白釉泛黄白釉画花瓷器标本　宋代

▲图 3-12　磁州窑白釉泛黄白釉画花瓷器　明代

3、从窑口上看，白釉泛黄釉的白釉画花瓷器在窑口特征上不明显，各个窑口基本上都有大量烧造，包括著名的磁州窑（图 3-12），以及河南汤阴窑、鹤壁窑、郏县窑禹县扒村窑、山西霍县窑、介休窑、浑源窑、大同窑，陕西铜川窑等都见有烧造。

4、从光泽上看，白釉泛黄白釉画花瓷器在光泽上较为黯淡，显然受到了泛黄釉的一些影响，但光泽润泽，看起来依然是柔和细腻，闪烁着淡雅的油性非金属光泽。

5、从精致程度上看，泛黄的白釉画花瓷器精致者很少见，甚至可以说是不见，普通、甚至粗糙的白釉画花瓷器大量有见，在数量上主要以普通瓷器为主。

以上是白釉画花瓷器在釉色上的常见表现，可见白釉画花瓷器由于深度民间窑场的特征，在使用釉质上以成本为核算，这样导致了许多釉色白釉画花的出现，但这些色彩有一个共同的特点就是以白釉为基本色调，都是在白釉色调的基础上进行衍生，而且在釉质上比较稀薄，以不影响到釉下彩绘的观瞻为底线。总之是以不影响实用和观赏为准则。鉴定时我们特别要注意，而一些伪器常常是突破了这一底线，在鉴定时应能很快将其剔除出来。当然以上色彩只是常见到的釉色，显然是不全面的，如雪白釉、纯白釉、象牙白釉、白釉微泛青灰、泛微黄、泛灰黄等诸多色彩都有见，而且有的在数量上还有一定的表现，但由于特征和分析方法和以上基本相同。在此就不再一一赘述，但我们在鉴定时要知道这一点。

第四章 磁州窑

概况

磁州窑是自宋代开始中国北方地区重要的窑场之一（图 4-1），明曹昭《格古要论》对磁州窑瓷器进行了评价，“古磁窑，好者与定相类，但无泪痕，亦有划花、锈花、素者低价与定器，新者不足论。”磁州窑形成了巨大的瓷窑系，是与著名的耀州窑、定窑系、钧窑系、龙泉窑系齐名的重要窑场，产量庞大，规模巨大，磁州窑烧制了很多品类的产品，如白地划花、珍珠地刻划花、白地剔花、白釉画花等，其中白釉画花瓷器是磁州窑所烧造最得意的作品之一，图案丰富，画面活泼，笔法凝练，构图简洁，往往寥寥几笔就可以勾勒出一幅鲜活的画面，具有浓郁的民间生活底蕴，开创瓷业新境界，在宋金、元明清等各个时代影响都很大（图 4-2）。鉴定时要注意分辨。

▲图 4-1　磁州窑白釉画花瓷碗　明代

▲图 4-2　磁州窑白釉画花瓷器　宋代

数量

磁州窑白釉画花瓷器在数量上异常丰富，这是人们日常生活当中的用具，与深度民窑不无关系，朴实无华的做工，稀薄的釉质，在化妆土上直接用黑彩进行绘画，这一切都降低了其成本，低廉的价格使得白釉画花瓷器在当时异常流行，饭馆酒肆，寻常百姓家中都多有使用，因此在总量上有相当的规模，墓葬和遗址内都有见，墓葬多见一到数件，遗址出土规模巨大，上百成千件的白釉画花瓷器不足为奇。

窑址

磁州窑的窑址在今天的河北省磁县观台镇和彭城镇一带，看来是顾名思义为磁州窑。这些窑址目前均被发现，在窑址中心区域堆积非常丰富，这历史记载基本吻合（图 4-3）。

▲图 4-3　磁州窑白釉画花瓷器标本　宋代

窑系

磁州窑以其“质优价廉”的特点“通销天下”，在宋代瓷业竞争激烈的市场上站稳了脚跟，磁州窑的成功，使得处于激烈竞争当中的各大窑场纷纷仿造，以河北磁县为中心向周边急剧扩散，最终大江南北，大河上下，各大窑场都在使用磁州窑白釉画花瓷器，形成了一个巨大的磁窑体系，其核心区在今天的陕西、河南、山西、河北、江西等地，如陕西的耀州窑、山西的介休窑、霍县窑、大同窑、河南的鹤壁窑、汤阴窑等诸多窑口等都在烧造磁州窑风格的产品，并且产量比较大。窑系的影响是巨大，一般来讲只有窑系才能跨越时空，实际上真正意义上的磁州窑在元代末期就已处于衰落期，但其窑系有的却是方兴未艾，这一点我们可以从明清时期精致的白釉画花瓷器之上看得很清楚。

时代

磁州窑白釉画花瓷器时代特征鲜明，北宋时期磁州窑白釉画花瓷器已经开始烧造，直至元代，一直都非常鼎盛，元代之后开使衰落，明清时期依然有磁州窑白釉画花瓷器风格的瓷器的烧造（图 4-4）。可见其烧造年代从北宋开始直至明清。

▲图 4-4　磁州窑白釉画花瓷器标本　宋代

精致程度

磁州窑白釉画花瓷器在精致程度上特征复杂，因为深度的民窑，如果以汝窑的标准来看磁州窑白釉画花瓷器可能不会有精致的瓷器，但是如果我们以画风的寓意，生活底蕴的深厚来观察，我们就可以看到实际上白釉画花瓷器也有少量的精品力作。当然磁州窑白釉画花瓷器作为一种商业用瓷，不可能都制作的精益求精，而主要以普通瓷器为多，粗糙的瓷器也比较少见。鉴定时注意分辨。

器形

磁州窑白釉画花瓷器在器物造型上十分丰富，常见的主要有碗、盘、碟、罐、瓶、盒、盆、盂、盏、钵、枕、洗、香炉、奁等器皿（图 4-5），由此可见，器形以人们生活中常见的日用器皿为主，比例均衡化，从绝对数量上看，以白釉画花瓷器碗、枕、瓶、罐等为多，占到整个白釉画花瓷器器皿的大部。在时代上由于白釉画花瓷器各个时代人们都需要，所以在时代特征上并没有过于规律化的特征，只是在出现频率上不同时代略有不同而已。

▲图 4-5　磁州窑白釉画花瓷碗　明代

纹饰

纹饰是磁州窑白釉画花瓷器的重点，白釉画花瓷器客观上由于绘画比传统的刻划技术含量低，因此在白色的化妆土上进行绘画成了白釉画花瓷器的优势，花卉、婴戏、诗词、曲牌、花鸟虫鱼如放鸭、放鹌鹑、龙纹、逗鸟、蝴蝶、骑马、钓鱼、抽陀螺、历史故事、民间传说、民谚，以及抒发自己情感的寄语等，将书法艺术引入到白釉画花瓷器之上，与传统的绘画结合起来，使白釉画花瓷器的装饰性功能进一步增强。从题材上看，这些纹饰图案具有浓郁的民间生活气息，画面生动活泼，昂扬向上，总能给人以朴实之感，使人对生活充满信心（图 4-6），许多诗词谚语也都是具有正面的教化寓意，很多图案表吉祥寓意，如鱼纹图寓意“年年有余”等，构图合理，简洁，复杂者偶见，讲究对称，线条流畅，刚劲挺拔，寥寥几笔勾勒出动人画面，许多画面至今我们看起来还是饶有兴趣，因为它抓住了人们生活中最朴实的元素，如打陀螺的纹饰看起来就会令人想起童年的欢乐，实际上我们现在人在看这些文物时所产生的心理反应，与宋代或者是其他时代人们在心理上的变化基本

▲图 4-6　磁州窑黑白分明生活气息浓郁的白釉画花瓷器　宋代

▲图 4-7　磁州窑画风燎原白釉画花瓷器弦纹　宋代

是一致的，由此时空轮回的感觉会使人们倍加珍惜现世社会的美好生活。可见磁州窑白釉画花瓷器在纹饰上的显著特征就是要以图案的寓意取胜。另外在装饰纹饰方法上磁州窑白釉画花瓷器还开创性地进行了一些改变，如有见一部分图案是先用黑彩进行绘画后，再在纹样上划出线条，如花瓣等，这样划掉的黑彩上就会露出白色化妆土，显现出的效果是异常的黑白分明，熠熠生辉，美不胜收（图 4-7）。总的来看，磁州窑白釉画花瓷器在纹饰上突破了传统的诸多影响，开创性地使釉下黑彩发展到了极致。鉴定时要注意体会。

釉质

磁州窑白釉画花瓷器并非以釉质取胜，而是以纹饰取胜，这一点很清楚，但在釉质上具有鲜明的特点，就是为了使人们能够清晰地看到白釉画花的图案，只在化妆土上罩上一层透明釉，因此磁州窑白釉画花瓷器最大限度地向薄的方向发展，同时向稀的方向发展，这样做的目的很明确，就是为了达到稀薄的釉质，以不影响白釉画花图案的显现。当然还有另外一个客观的目的就是节约了大量的成本，这显然与磁州窑民窑性质是相符的，因为民窑毕竟是“生存第一”；也正是由于磁州窑是民窑，所以其白釉画花瓷器在釉质的许多方面不是很好，如在釉色上不是很纯正，所呈现出的釉色比较复杂，如有黄白、灰白、白釉泛黄等（图 4-8）；在釉面杂质上也是比较粗糙，手感不是很好，光泽黯淡，有一定的油脂性的光泽，总之一切都带有较为浓郁的民间窑场风格。

▲图 4-8　磁州窑白釉泛黄画花瓷器标本　宋代

胎质

磁州窑白釉画花瓷器在胎质上由于民间窑场的性质所限，选料略粗，高岭土和黏土及掺合料并存，淘洗比较精炼，瓷化程度比较高，烧成后致密，坚固，只是在胎体杂质比较多，但不严重，多为星星点点状，颗粒大者少见，显然多数磁州窑白釉画花瓷器胎体并未达到精益求精的程度。在胎色上色彩也比较多，如白、橙色、黄、黄褐、砖红等都有见，色彩不是很稳定，但串色严重的情况也不多见（图 4-9）。由此可见，磁州窑白釉画花瓷器在胎体上主要以普通胎体为显著特征，精致和粗糙的胎体都不多见。

▲图 4-9　磁州窑胎色基本稳定的白釉画花瓷器标本　宋代

铭文

磁州窑白釉画花瓷器之上有很多纯文字的铭文，特别是枕的底部，常见有“张家造”、“刘家造”、“赵家造”、“李家造”、“张家纪”、“张家枕”等，其中以“张家造”最为著名，这些印记显然是作坊的名号，看来白釉画花瓷器虽然是民间窑场，但也十分讲究品牌效应，竞争随时存在，在同一地区存在着多家烧造白釉黑彩的窑场。

影响

磁州窑白釉画花瓷器的影响十分深远，在宋代它是为数不多的几大窑系之一，产品“通销天下”，冲击着传统瓷器不重视纹饰的固有观念，为青花瓷和颜色釉瓷器之上大量纹饰的出现奠定了观念上的基础，纹饰题材内容丰富，开在瓷器之上进行大规模教化之先河，成为人们娱乐、消遣用品，因此受到人们的青睐，经历代而不衰，元明清等时期大量烧造，直到我们现在白釉画花的瓷器还有烧造，历经千年而窑火不熄，用一句老百姓常说的话“金杯银杯不如老百姓的口碑”，千年的赞誉，这足以说明磁州窑白釉画花瓷器巨大的影响。鉴定时注意分辨。

第五章 造型

第一节 口部

敞口

敞口顾名思义是指口部向外张的比较大（图 5-1），白釉画花瓷器敞口的造型比较丰富，从器形上看，以碗、罐、瓶、盆、盂、盏、钵、洗、香炉、奁等为常见，数量最多者应为碗、盏等。从衍生造型上看，常见有大敞口、小敞口、微敞口等。从功能上看，敞口的造型在功能上有利于散热，碗盏等逐渐演变成一种造型思维定式，功能主要以实用为主，兼具有装饰的功能。从流行程度上看，敞口白釉画花瓷器造型流行程度非常之广，贯穿整个白釉画花瓷器造型始终，由宋代直至明清，宫廷与寻常百姓家均有见。

▲图 5-1　敞口白釉画花瓷碗　明代

侈口

侈口的白釉画花瓷器常见,形制与敞口有相似之处,较敞口向外延伸的更甚，是一个外侈的过程，如圆口、椭圆口、四方口、长方形口、不规则口等，都有可能是侈口的造型（图5-2）。从器形上看,主要以碗、罐、瓶、盆、盏、钵等为常见,以碗、盘、碟等为最常见，其他器皿数量很少；从衍生造型上看，大侈口、小侈口、微侈口等都比较常见。从功能上看，侈口白釉画花瓷器功能主要为日常用具,便于散热,如碗、盘等，装饰性的功能在数量上居于次要地位,造型以瓶、罐为显著特征；从流行程度上看，侈口白釉画花瓷器流行非常之广，从北宋开始直至明清（图5-3），以宋元时期造型和衍生造型最为丰富。鉴定时注意分辨。

▲图5-2　侈口白釉画花瓷器标本　明代

▲图5-3　侈口白釉画花瓷器标本　金代

敛口

白釉画花瓷器敛口的造型常见，墓葬和遗址中都有见，在总量上有一定的量，是白釉画花瓷器中最重要的口部造型之一，形制有一个内敛的过程，这一过程看起来比较清晰；敛口是一个比较大的概念，可以囊括椭圆口、四方口、长方形口、诸多不规则口等诸多口部造型，就是说这些口部造型都有可能是敛口的，当然从数量上看以圆口为最多。从器形上看，以碗、罐、瓶、盏、钵、洗等为常见，出现频率以碗、罐等造型最常见，其他居于从属地位。从衍生造型上看，常见的主要有大敛口、小敛口等（图 5-4），可见主要在口部的大小上具有衍生性。从功能上看，敛口白釉画花瓷器在功能特征上具体并不明确，宏观上看以实用为主，兼具有装饰性。从流行程度上看，敛口白釉画花瓷器可以说是深度流行，地域范围非常之广大，遍及全中国，但从数量上看核心地区依然在北方（图 5-5）。鉴定时注意分辨。

▲图 5-4　小敛口白釉画花瓷罐　明代

▲图 5-5　敛口白釉画花瓷器标本　宋代

花口

白釉画花瓷器花口者常见，花口顾名思义花一样的口部，主要以生活为模本，如葵花、莲花等都常见，各种花口造型俨然成为白釉画花瓷器最美符号。从器形上看，白釉画花瓷器花口造型主要以碗、罐、瓶、钵、洗、香炉、奁等为常见，看来都是一些生活用品，在出现的频率上也较具均衡性，但花口的数量很少，有一定的偶见性，如果从总量上看几乎可以忽略不计。从衍生造型上看，白釉画花瓷器花口造型理论上可无限衍生，实践中常见到的有葵口，莲花、不知名花卉等。从功能上看，花口的功能显然优先突出的是装饰功能，其次才是实用，必须要使用花口造型的器皿很少见到，目的是给人以一种强的视觉冲击力。从流行程度上看，花口的白釉画花瓷器在各个时代都有见，但数量很少，总之，流行程度不是很好。鉴定时应注意分辨。

直口

白釉画花瓷器的直口从视觉上看为笔直的口部，但这只是视觉的盛宴，而并不是真正意义尺寸上的概念。从器形上看，以罐、瓶、盒、盂、洗、香炉、奁等为常见，可见器物造型不是很丰富，在比例关系上以白釉画花瓷器盒最常见，其他器皿也多有见。从衍生造型上看，近直口、微直口、小直口、大直口等显然属直口的衍生造型，判断的标准主要以视觉为主。在功能上比较复杂，以实用为主导，如白釉画花瓷盒直口必须标准，不能有过多的衍生性，因为一旦衍生幅度过于大，那么可能就会影响到子母口的扣合，所以其首要功能是实用，但“取异”装饰的功能也有见，如白釉画花盒造型隽永，挺拔端庄等。从流行程度上看，直口造型的白釉画花瓷器墓葬和窑址、城址中都有见，流行程度非常之广，但有着较强的时代气息，以宋金元时期最为常见，明清时期数量略减。鉴定时应注意分辨。

子母口

白釉画花瓷器子母口多为盖和体扣合的造型，多以圆口为主体造型，器物造型以白釉画花瓷盒为最常见，其他如坛、炉、钵等造型也有见子母口的现象。在衍生造型上子母口造型几乎不见。从功能上看，白釉画花瓷器子母口功能十分明显，以实用器为显著特征，扣合严实用以保存较为珍视的物品，制作比较复杂，因此多数做工精细，精美绝伦，集实用性和装饰性为一体。从流行程度上看，子母口的白釉画花瓷器在历史上十分流行，各个时代都有见，但从数量上看主要以宋金时期和元代最为多见。鉴定时注意分辨。

大口

白釉画花瓷器在大口上的概念比较容易理解，就是一个视觉上尺寸较大的口部造型（图 5-6），它所囊括口部造型甚多，常见的有侈口、敞口、直口、圆口、子母口、椭圆口等。在器形上以碗、盘、碟、盆、盏、洗等为常见，从数量上看以碗、盘、碟等为最常见（图 5-7）。从功能上看，以实用为主，如白釉画花瓷盆大口的目的显然是

▲图 5-6　大口白釉画花瓷碗标本　金代

▲图 5-7　白釉画花瓷碗　宋代

为了实用需要，之后才是装饰的功能。从流行程度上看，大口白釉画花瓷器十分流行，各个时代都有见，墓葬和窑址、城址均有出土，是无论达官贵人和百姓都要使用的器皿（图 5-8）。

▲图 5-8　流釉较广的白釉画花瓷碗标本　宋代

小口

小口白釉画花瓷器概念很好理解，就是小口，口小到什么程度，这是一个视觉上的盛宴，主要依据其造型的大小而言，所囊括口部造型甚多，常见的有椭圆口、四方口、长方形口等，以圆口为主。从器形上看，小口白釉画花瓷器常见瓶、壶、盂、罐等器物造型，以白釉画花瓷器瓶为最常见。从功能上看，小口的白釉画花瓷器功能以实用为主，如瓶口小很多显然是为了放塞方便，如酒瓶等，当然也有不实用专门用于陈设的白釉画花瓷瓶，它的目的显然是为了纯装饰的需要；由此可见，白釉画花瓷瓶在功能上的特征显然是实用与装饰的融合。从流行程度上看，白釉画花小口瓷器流行甚广，各个历史时期都有见。

撇口

白釉画花瓷器撇口造型多数比较明显，有一个向外撇的过程，诸多口部造型都有可能是撇口，如侈口、敞口、小口、大口、圆口、椭圆口、四方口、长方形口等，可见撇口的概念比较大。在器形上主要以碗、罐、瓶、盆、盂、盏、钵、洗、香炉等为常见，其中以碗、盏、盆等最为常见，出现频率比较高。从衍生造型上看，撇口白釉画花瓷器以口微外撇和外撇较甚等衍生性造型为常见（图 5-9）。从功能上看，撇口的白釉画花瓷器功能主要以实用和装饰融合为主。从流行程度上看，白釉画花瓷器撇口造型在各个时代都有见，总量巨大，流行程度较广。鉴定时要注意分辨。

▲图 5-9　外撇较甚白釉画花瓷器　金代

喇叭口

白釉画花瓷器喇叭口的形制顾名思义像喇叭一样的口部造型，弧度圆润，溜线性较强，为白釉画花瓷器口部上最为张扬的造型之一。在器形上常见主要有壶、瓶、注等，其中以瓶为多见。在衍生造型上幅度不大，常见的有大喇叭口和小喇叭口等，完全以视觉为判断标准。从功能上看，夸张的喇叭口白釉画花瓷器造型体现了强烈的装饰性意味，实用与装饰在这里完美地融合。从流行程度上看，喇叭口的白釉画花瓷器是宋代瓷器的一种时尚，元明以降，直至清代，这种口部造型在诸多器皿之上都有留驻，流行程度甚广。

第二节◎唇部

种类

白釉画花瓷器唇部特征种类十分丰富，常见的主要有圆唇（图 5-10）、方唇、尖唇、尖圆唇、卷唇、平唇、厚唇、薄唇、敛唇等，在比例上主要以尖圆唇为主，其次是尖圆唇、尖唇等。从厚薄上看，白釉画花瓷器唇部厚唇与薄唇兼具，特征鲜明。从衍生造型上看，白釉画花瓷器的这些唇部衍生性比较强，如卷唇常见外卷唇、微卷唇、弧卷唇、唇沿微内卷、卷圆唇等衍生性造型。判断的标准也主要是以视觉为主，并不是绝对尺寸意义上的。由此可见，白釉画花瓷器唇部造型错综复杂，数量繁多，各种唇部造型及其衍生造型在一起，是个相当庞大的群体。鉴定时注意分辨。

▲图 5-10　圆唇白釉画花瓷器标本　宋代

数量

白釉画花瓷器唇部造型丰富，但在数量上却是各不相同，并不均衡，有的还存在着较大的差异性。如圆唇的造型，墓葬和窑址、城址中经常有见，总量较大（图5-11）。而平唇的造型，虽然墓葬和窑址、城址中也都有见，但总量较小。通过观察我们可以看到，尖圆唇在总量上最大，其次是圆唇、尖唇、薄唇等，方唇、撇唇等在总量上较小。不过以上特征显然从白釉画花瓷器整体宏观的视角来看的，磁州窑不同的阶段和窑系窑场在这一特征上略有区别，但多数是在以上特征的上下浮动，变化的幅度不大，我们在这里就不再赘述。

▲图 5-11　尖圆唇白釉画花瓷器标本　宋代

形制

白釉画花瓷器唇部形制比较直观（图 5-12），多以造型为命名标准，如圆唇从造型上一看就知道是圆的。方唇也是这样，比较直观。模糊不定的情况有见，但很少。尖圆唇的形制略显复杂，尖与圆造型的结合，顶端为尖，下缓至圆唇，造型也比较简单。可见白釉画花瓷器在唇部形制上并未脱离视觉观察的范畴，完全是一场视觉盛宴，而没有尺寸意义上标准。鉴定时注意分辨。

▲图 5-12　微卷唇白釉画花瓷器　宋代

器形

白釉画花瓷器在器形上常见的有碗、盏、壶、坛、碟、钵、瓶、盘、盆等（图 5-13），可见相当多的器皿都有唇部特征，只是不同的造型侧重点不同而已，如碗、钵、盘等器皿多选用圆唇或者尖圆唇等的唇部造型，其中以尖圆唇白釉画花瓷碗的数量为最大，这一点是显而易见的；而瓷壶、盆等以卷唇为常见；香炉、壶、碗、熏、瓶等平唇的造型常见，其他就不再赘举。由上可见，白釉画花瓷器在唇部造型上涉及众多的器皿，而且在不同时代和窑口内这些造型都有着不同程度的差别，但这种最基本的比例特征不会改变。鉴定时应注意分辨。

▲图 5-13　白釉画花瓷碗标本　明代

功能

白釉画花瓷器唇部在功能上的特征主要以实用为主（图 5-14），如圆唇、尖唇、尖圆唇、方唇、卷唇等形制，其实用的功能是第一位，像尖圆唇的碗的造型设计，完全就是为了适应口唇结合和进食的需要而设计的。另外就是实用与装饰的结合。当然不同的唇部在功能上可能相同，也可能不同。我们在鉴定时要注意分辨。

▲图 5-14　尖圆唇白釉画花瓷碗　明代

第三节 沿部

种类

白釉画花瓷器沿部造型十分丰富，常见的主要有平沿、折沿（图 5-15）、敞沿、卷沿、厚沿、撇沿、薄沿、花口沿等，这些种类的白釉画花瓷器唇部从出现的频率上看并不均衡，如花口沿相对于平沿要少，这种不均衡性主要是受到时代和窑口以及本身造型等诸多方面的限制，如花口沿主要出现在宋代的磁州窑，而其他时代和窑口中则很少见，不过相比较而言白釉画花瓷器作为一个深度民间的窑场，花口沿的数量实际上很少见，几乎可以忽略不计。从衍生性上看，白釉画花瓷器沿部衍生性较强，如卷沿可以分衍生为微卷沿、卷沿较甚等情况。折沿可以分为斜折沿、平折沿、折沿外卷口沿微折、折沿下斜、宽平折沿、小折沿等，由此可见，白釉画花瓷器器皿在沿部衍生性造型上十分丰富，幅度变化大。

▲图 5-15　鼓折沿白釉画花瓷碗标本　元代

数量

不同的白釉画花瓷器沿部造型在数量上不同（图 5-16），但它们的区别不是那样的鲜明，而是表现出了前所未有的均衡性，如平沿、折沿、薄沿、厚沿等，在比例上都具有均衡性特征，没有哪一种白釉画花瓷器沿部特征能够占到统治地位。我们在鉴定时注意分辨。

▲图 5-16　沿微外撇白釉画花瓷器标本　宋代

形制

白釉画花瓷器沿部在形制上不复杂，以视觉直接判断为标准，如折沿有明显的转折，视线可以很直接的观察到，可见白釉画花瓷器沿部造型并未脱离视觉的观察，没有尺寸标准，但具有固定化的趋势（图 5-17）。从具体造型来看，几乎所有的白釉画花瓷器沿部都是一个大的概念，如折沿就是一个集合体，花口沿、撇沿、薄沿、厚沿、敛沿、卷沿、敞沿、平沿等造型，都可以囊括在折沿范畴之类。其所受时代和窑口等因素的影响不大。鉴定时应注意分辨。

▲图 5-17　小折沿白釉画花瓷器标本　元代

器形

并不是所有的白釉画花瓷器都有沿部造型(图 5-18)，常见的主要有碗、炉、盘、钵、瓶、盘、注、盏、盂等，可见造型繁多，只是比例不同而已，如平沿的造型以碗、香炉、盆、瓶、盂等为常见，其中以盆为最多见，香炉、碗、钵、瓶、盂等居于次；而折沿则是以钵、瓶、盂为重点，其他器皿不是很常见。过多例子就不再赘举，但由此可见，白釉画花瓷器在器形上特征异常繁复，而且异常明确。鉴定时注意分辨。

▲图 5-18　近平沿白釉画花瓷碗标本　宋代

功能

白釉画花瓷器沿部造型功能以实用和装饰的结合为主，如大量白釉画花盆上所使用的平沿，这显然是为了使用时用手端起来方便，其次才是装饰的功能。但白釉画花瓷器沿部造型的复杂之处就在于其变化性比较强，但这种“善变”往往只是局限在一定器物造型之上，并不扩散，如平沿香炉，功能显然异化了，在开始的时候可能同盆的功能相似，但随着瓷香炉走上祭坛，这种平沿在香炉上的功能日趋装饰性，实用的功能居其次。当然从本质上讲这种“善变”并没有改变其实用与装饰结合特征，只是在实用与装饰结合的程度上发生了偏移，以及侧重点进行了转换。虽然白釉画花瓷器沿部特征很多，但以上平沿的特征较具代表性，基本上代表了白釉画花瓷器沿部造型在功能上集实用与陈设装饰于一体的特征。鉴定时应注意分辨。

第四节 腹部

种类

▲图 5-19　鼓腹白釉画花瓷器标本　宋代

白釉画花瓷器常见腹部造型主要有鼓腹（图 5-19）、弧腹、浅腹、深腹、斜腹、圆腹、直腹等，可见其造型丰富。从比例上看参差不齐，如鼓腹的造型就比直腹多出不知多少倍；从微观上看，不同时代和窑口之间都有差别，只是差别大与小的问题。从衍生性上看比较强，以鼓腹为例，就有微鼓腹、近鼓腹、扁鼓腹、小鼓腹、大鼓腹、弧鼓腹、瓜棱鼓腹、圆鼓腹等，这样看来腹部的种类真的是灿若星辰，异常繁缛。从交叉性上看，白釉画花瓷器在腹部特征上还表现出了互相包容的现象，如深腹的造型可以囊括鼓腹、折腹、弧腹、敞腹、球形腹、曲腹、坦腹、斜腹、圆腹、直腹等造型。综上所述，白釉画花瓷器在腹部造型上是集大成。鉴定时注意分辨。

数量

白釉画花瓷器众多腹部特征在数量上差异性很大，较具复杂性。从出土数量上看鼓腹的造型所占比例比较大，通常浅腹、深腹等也较为常见，弧腹（图 5-20）、斜腹等也有一定的量；但也有一些腹部在造型数量上比较少，如直腹、折腹、敞腹、球形腹、曲腹等，其数量非常有限；不过腹部造型在数量上有时也受时代和窑口的影响，而这种影响由于白釉画花瓷器深度民窑的原因，受到的影响十分微弱。鉴定时注意分辨。

▲图 5-20　弧腹白釉画花瓷器标本　明代

形制

白釉画花瓷器腹部形制略显复杂，如鼓腹的造型虽然看起来比较直观，但细分来看，鼓腹的造型却是复杂的，常见的造型就有微鼓腹、近鼓腹、扁鼓腹、小鼓腹、大鼓腹、弧鼓腹、瓜棱鼓腹、圆鼓腹等。鼓腹的形制并不是一个特例，几乎所有的腹部造型都具有这样的特征，如折腹、弧腹、浅腹、深腹、敞腹、球形腹、曲腹、坦腹、斜腹、圆腹、直腹等，由此可见，白釉画花瓷器在腹部形制上是何等的繁杂（图 5-21），数量是何其多。从复杂程度上看，白釉画花瓷器腹部形制的复杂程度比较高，如球形腹形制看起来简单，但只有腹部鼓到一个类似球体的程度时球腹的概念才算成立，无论从理念还是从技术含量上看这都是一种较为复杂的形制。从时代和窑口上看，宋代磁州窑白釉画花瓷器中腹形制比较多，原因很简单因为器形多，而元明清等时代在腹部特征上少一些。我们在鉴定时要注意分辨。

▲图 5-21　直腹微鼓的白釉画花瓷器标本　明代

器形

白釉画花瓷器腹部器物造型丰富，常见的主要有碗、盒、炉、盘、钵、瓶、盘、注、盏、盂等（图 5-22）。不同的器形腹部不同，这一点在白釉画花瓷器上表现得淋漓尽致，如白釉画花盒只能是直腹，不可能是夸张的鼓腹，或者是球形腹，再如白釉画花碟只能是浅腹，深腹的可能不大。这些特征我们在鉴定时要注意分辨。从主流器物造型上看，白釉画花瓷器在腹部造型的选择上以鼓腹为主，这与其深度实用有关，善于使用鼓腹和弧腹的融合，同时兼具其他腹部造型。鉴定时注意分辨。

▲图 5-22　弧腹微鼓的白釉画花瓷碗　宋代

功能

白釉画花瓷器腹部造型的功能，主要以实用为主，以盛放为显著特征，这是任何一个民窑所共有的特征，因为这是其生存之本。但装饰的功能在白釉画花瓷器上也占有很重要的地位，如宋代各种腹部造型的白釉画花瓷器瓷枕，腰圆、八角、如意、正方、银锭、长方、束腰、花形、梯形等，腹部各异，目的显然不仅仅是为了实用，而是为了在造型上“取异”，以造型为饰。无疑白釉画花瓷器腹部造型是为功能服务的，在各个时代随着功能的不同，而不断衍生出了许多新的造型，并以新的造型为起点继续衍生着新的腹部造型。鉴定时要注意分辨。

第五节 底部

种类

白釉画花瓷器在造型种类特征上比较简单，以平底为主（图 5-23），圜底为辅。这主要与白釉画花瓷器是人们日常生活当中的用具有关，特别是众多的器物作为盛器，则必须有底部特征。如白釉画花瓷器碗、枕、盆等，足部特征变化都很大，但都是在平底的基础上的衍生，如大平底、小平底等，可见即使是平底在造型上的种类上依然丰富。除了平底以外还有见圜底，但圜底多是在一些特定的造型上有见，如香炉的底部就多为圜底。鉴定时应该注意分辨。

▲图 5-23　平底白釉画花瓷碗（残）　宋代

数量

白釉画花瓷器不同的底部造型在数量上特征比较明确，宏观上主要以平底为主，但从微观上看，以平底衍生性的造型为主，如大平底墓葬和遗址时常有见，墓葬多为一到数件，遗址内出土数量众多，数十上百件的情况有见，由此可见，平底衍生造型在数量上显然是白釉画花瓷器底部造型的主流。圜底的造型数量比较少，不是所有的墓葬和遗址中多有见，偶见的成分比较大。鉴定时注意分辨。

形制

白釉画花瓷器底部形制主要以平底和圜底为主，这两种造型都是比较简单，圜底的造型在衍生性上不是很强。平底的造型比较复杂，可以分为大平底、普通平底、小平底三个阶梯式的等级（图5-24），磁州窑在不同时代有一些差异性，但这种差异性不大。另外，平底从平衍的角度还可以分为平底内凹、平衍、微凸的情况，从平底微凹上看，在白釉画花瓷器中平底微凹的造型常见，内凹的程度多不会太深，主要以普通的白釉画花瓷器为主。从平衍上看，平衍白釉画花瓷器底部特征比较多，以普通器皿为常见，精致和粗糙的白釉画花瓷器少见。从平底微凸特征来看，白釉画花瓷器中平底微凸多为底部有微小凸起。可见白釉画花瓷器在底部形制上还是较为复杂的，另外，还有一些不规则的底部造型，如椭圆形底等，不过数量很少，几乎可以忽略不计。鉴定时注意到就可以了。

▲图 5-24　普通平底白釉画花瓷碗　明代

器形

白釉画花瓷器底部几乎涉及所有的器物造型，如碟、坛、碗、盏、盘、罐、瓶、盆、炉等都有见（图5-25），不同的形制主要涉及的器形具有差别，如白釉画花瓷器碗的底部基本都是平底，可以说大平底、平底、小平底的造型都有见。而白釉画花瓷器盏的底部造型多为小平底。而白釉画花瓷器盆的底部造型基本以大平底为主。另外，不同时代的白釉画花瓷器在平底特征上有区别，宋代白釉画花瓷器在底部造型平衍性总体比较好，而元代就不是很好，多数有微凸或者是内凹的现像。

▲图 5-25　小平底白釉画花瓷碗　宋代

从精致程度上看，精致者底部多平衍，而普通和粗糙者底部不平整的现象多有出现。从时代和窑口上看，白釉画花瓷器表现不太明显，显示了较为均衡化的特征。鉴定时我们要注意分辨。

功能

白釉画花瓷器底部造型在功能上显然以实用器为主，这迎合了其深度民窑的性质。白釉画花瓷器的底部造型在功能上的具体表现分化为两极，一是对于功能实际上影响很小，如大小平底、平底内凹和微凸的情况，试想一下一个白釉画花瓷瓶，即使他的底部是微凹或者微凸的，但外面还有圈足，其实并不会对其实用功能造成实质性的影响。这样的例子很多，就不再一一赘举了。另外一极就是底部对于功能的影响是决定性的，如白釉画花瓷枕的底部必须是平衍的，如若不然其实用的功能可能就会丧失，其他如盘等器皿也有这种情况，这种情况显然是底部造型被限定在了功能之内。鉴定时要注意分辨。

第六节 足部

种类

白釉画花瓷器常见的足部造型主要有圈足、饼足、尖状足、乳足、小饼足等（图5-26），由此可见，白釉画花瓷器在足部造型上还算是比较丰富，但与青瓷和白瓷相比略逊。在这些不同种类的足部造型之下还有诸多衍生性的造型，如圈足在足部造型上显然是一个宏观的概念，常见的圈足衍生造型就有暗圈足、方圈足、小圈足、斜直圈足、窄圈足、矮圈足、高圈足、环状圈足、假圈足、宽圈足、喇叭状圈足等，可见白釉画花瓷器在圈足衍生造型上具有丰富性，在比例上，不同种类的圈足部造型出现的频率差异性很大，如暗圈足出现的频率很小，而宽圈足的比例却是非常大，总之我们在鉴定时要注意这种圈足在出现比例上的差异性。

▲图 5-26　圈足白釉画花瓷器标本　金代

数量

▲图 5-27　宽圈足白釉画花瓷器标本　金代

白釉画花瓷器不同的足部在数量上各异，以圈足的规模最大（图 5-27），其它如花座足、尖状足、乳足、蹄形足等只是有见，数量很少。从时代上看，白釉画花瓷器足部造型在数量上特征不明显。从窑口上看，白釉画花瓷器无论是磁州窑还是其窑系产量都比较大，这应该与其民间窑场性质有关，如山西介休窑在产量上就很大，从窑址发现的标本来看堆积层很厚，满地都是各个时期白釉画花的碎片。鉴定时应该注意分辨。

形制

白釉画花瓷器足部形制常以视觉来判断（图 5-28），如各种形制的圈足等，窄圈足指的就是比较狭窄的圈足；宽圈足与之相对；还有高圈足和矮圈足等都比较直观，多为顾名思义，视觉盛宴。从具体形制上看，白釉画花瓷器足部造型分得比较细，相互之间的包容性有限，如矮圈足、高圈足、圈足外撇、喇叭形圈足等都是这样，其再次的衍生性也不是很强。在时代上白釉画花瓷器足部形制较为模糊，并像唐代邢窑白瓷玉璧足那样典型的足部造型，而是表现出均衡化的特征。从窑口上看，以磁州窑为显著特征，窑系在足部特征上主要仿烧磁州窑。

▲图 5-28　圈足白釉画花瓷碗　宋代

器形

白釉画花瓷器不同的足部造型会选择相应的器形，然而这一选择过程是复杂的，在各种器物选择的过程当中总量最大的无疑是圈足及其衍生性造型，几乎占到整个白釉画花瓷器的一半以上，而圈足中最常见的器皿就是白釉画花碗、盘、碟等生活用品，其中尤以碗的数量为最多（图 5-29）。由于白釉画花瓷器民窑性质的浓郁，多为普通百姓生活中使用的实用器皿，所以除了圈足之外其他足部造型可能有很多，但在数量上比较少。总的来看，多数白釉画花瓷器在足部特征上的选择是圈足的某一种造型。从时代和窑口上看特征都不是很明显，有均衡化的趋势。鉴定时应注意分辨。

▲图 5-29　白釉画花瓷碗标本　元代

功能

白釉画花瓷器足部功能十分明确，以实用功能为主，兼具实用与装饰结合的功能。无论是哪一种造型的圈足，在功能上首先是满足实用的需要，不然直接平底就可以了，没有必要专门做足，如饼足显然足部比较厚，增加了器物底部的厚度，不但放置平稳，而且结实耐用，隔热性能强，这是其实用的功能，但同时之所以将其做成饼足的形状还有一个目的就是装饰的需要，像饼一样的底足特征立刻会使人们形成一种共鸣，寓意“丰衣足食”，非常的吉祥，白釉画花瓷器足部功能在这方面还是比较强，虽然具有浓郁的民间气息，但是一切都是那样的朴实无华（图 5-30）。完全以装饰功能为主导的足部特征在白釉画花瓷器中很少见到。鉴定时应注意分辨。

▲图 5-30 白釉画花瓷双系瓶　辽代

第六章 纹饰

背景信息：白釉画花瓷器以纹饰取胜（图 6-1），将人们在生活中的喜闻乐见概括，付于笔端，纯熟简练，构图简洁，线条流畅，风格粗犷，以绘画为主，题材丰富，诗书画并用，将白色的化妆土看成是宣纸一般，浓墨素彩，记录下人们生活的喜悦与欢乐，向往与憧憬，这些具有历史实性质的画面，记录下了当时人们生活中的点点滴滴，具有浓郁的民间生活色彩，具有较高的研究、艺术、经济价值。为每一个收藏者所苦苦追求。

▲图 6-1　精美绝伦的白釉画花瓷器鸟纹　宋代

鉴定要点：

题材

白釉画花瓷器纹饰在题材上十分丰富（图 6-2），各种各样的题材都出现了，由于取材于生活，看起来是纷繁复杂，涉及生活中的方方面面，宏观上常见的主要有花鸟、虫鱼、草叶、马戏、动物、婴戏等，在这些宏观的题材之下包含着无以计数的具体纹

▲图 6-2　白釉画花瓷器弦纹　元代

▲图 6-3　白釉画花瓷器标本　宋代

饰，常见具体的题材如下：人物、山水、马戏、鸟戏、如意云纹、熊戏、连续缠枝莲花纹、瑞兽、蹴球、劲草、花瓣、花蕊、赶鸭、放鹌鹑、婴童嬉戏、人物故事、逗鸟、龙凤、大雁南飞、云雁、扑蝶、蔓草、野塘芦鸭、骑竹马、抽陀螺、龙纹、钓鱼、各种花卉等。当然这些只是一些常见题材，实际上白釉画花瓷器在纹饰上的题材要比这大得多，具体说应该是无限的，因为只要是与人们生活当中有关的题材都有可能出现，从实际发掘的情况来看也是这样，出土的白釉画花瓷器相互纹饰图案相互重复的情况并不像其他瓷器那样普遍，由此可见，白釉画花瓷器在题材上真实丰富到了极点（图 6-3）。从题材的种类上看，这些纹饰题材首先是背离了传统，与传统相比变得具有生活气息，有血有肉，而不像是传统的几何纹那样，无论是一周弦纹、两周弦纹还是凸弦纹、回弦纹、阴线弦纹等，都是程式的，无论是否与器物造型有关系，直接刻划上去就可以了，虽然多但是并不生动，如传统的刻划弦纹可能许多青瓷器皿上都有见，但我们似乎并没有过于深刻的感觉，而白釉画花瓷器中的纹饰我们随意拿一个题材来看一下，如常见的白釉画花赶鸭图，画面常是婴嬉与赶鸭相互结合，多是一个孩童手里拿着荷叶赶着一群鸭，沿着曲折的路，孩童挥

▲图 6-4　白釉画花瓷器诗文枕　宋代

舞着手中所持荷叶，兴奋无比，异常的天真，再有荷塘衬托，给人以生机盎然的感觉，这哪里是在作画，明明是在回忆一段场景，写一篇散文诗，浓浓的生活情趣，犹如一股股暖流涌向我们心田，使我们感动。传统纹饰中的花卉和草叶纹被进一步生活化、简练化，具体地说就是抽象的比较厉害，如传统纹饰中所见到许都可以叫出名字的纹饰，如蝈蝈戏草纹、卷草纹、刻蕉叶纹、牡丹纹、花果纹、蓉团花纹等，被简练到了寥寥几笔就可以勾勒出来，这是与传统的一大背离（图 6-4）。总之，白釉画花瓷器从题材种类上不仅数量多，而且在继承传统的基础上极大地突破了传统。在时代上自宋以后各个时代基本上都是这样，没有过于复杂性的特征，宋元时期在纹饰题材上显然比其他时代发达（图 6-5）。其最大的特点就是生活气息浓郁，具有深刻的生活底蕴。我们再来看几个例子：

▲图 6-5　白釉画花瓷器两周弦纹　宋代

1、马戏图。多数为一马飞奔而来，马步如箭，四蹄腾空而起，艺人倒立或者匍匐在马背之上，亦是惊险无比，扣人心弦，将真实的马戏表演完整地再现在了白釉画花瓷器之上，这类场面较大的马戏表演多是在枕面之上。如此惊心动魄的一幕被轻易地表述在了瓷枕之上，这在传统的瓷器之上如果用刻划纹表现是不可思议的事情，可见白釉画花瓷器之所以能够在宋代那个名窑辈出的时代生存，除了其绘画艺术的源泉来源于生活之外，还体现在其用黑彩犹如直接在宣纸上作画一样的方法。

2、劲草图。白釉画花瓷器宋元明清各个时期都是异常流行，有一件白釉画花的瓷器在黑龙江的一个窖藏内被发现，不幸的是已经成为残片，但这件器物之上为我们保留了白釉画花最为普及的一种纹饰劲草题材，我们来看一下黑龙江哈尔滨市郊发现元代瓷器窖藏出土的一件白釉画花瓷器，“，釉下是酱釉彩绘，上、下各有一周弦纹，中间寥寥几笔，似弯月，象劲草，栩栩如生”。可见这件劲草图真的是非常的简洁，工匠们寥寥几笔勾勒而成，这种简洁的纹饰更像人们的心情，所以写意成份往往比较浓郁，有的形似弯弯的月亮，有的形似劲草，也有的即形似弯月又形似劲草，这件实例实际上就是这样，十分的婉约，这与其简洁的线条所组成的纹饰形成了鲜明的对比，实际上这应该是一种劲草纹，工匠在制作它的时候可能比较随意，随手而画，这正应了一条笔道可以代表胸中万物的写意画的最高境界，我们不是说这件作品写意画的最高境界，但我们谁也不知道这个工匠在画这件纹饰线条的时候想的是什么，它想用这件似弯月似劲草的图案象征什么。白釉画花瓷器上的纹饰就是这样，而这也正是民间生活气息最真实和生动的写照。鉴定时应注意分辨。

3、婴嬉图。多数婴嬉图绘于白釉画花瓷枕的枕面之上，婴童相互嬉戏，奔跑追逐，有的孩童拍手嬉笑，一些呈做游戏态，近景为主，婴童的眉目十分清晰，将孩童的天真无邪的真性情表现得淋漓尽致，时而使人愉悦，时而使人捧腹大笑，联想颇多。实际上婴嬉图的表现形式很多，是人们非常喜欢的纹饰图案，在宋金时期产量最大，元明清等各个时期都有见。

构图

1、简洁

白釉画花瓷器的构图以简洁为主，复杂者有见，但数量比较少，画面留白一般都比较大，不同时代和窑口的白釉画花瓷器在构图上略有差异（图 6-6），但总的来看变化不大，许多白釉画花瓷器上的图案都是寥寥几笔勾勒而成，较为典型如一些花卉和劲草纹，1 到 2 笔就可以将其勾画而成，非常生动，但几笔勾画绝不意味着敷衍和随意，而只是磁州窑白釉画花瓷器在绘画上的一种风格，相反在构图上还是比较认真，在认真之中透着传神，即使任何一个简单的图案，都会有构图的元素。

2、对称

白釉画花瓷器在构图上极为讲究对称，但这种对称不是绝对意义上的，我们来看一则江苏南京市戚家山明墓发掘的实例，"白釉黑彩瓷瓶，器身纹饰为黑彩花卉，

▲图 6-6　白釉画花瓷器劲草纹　宋代

肩部见一圈六组连续的缠枝菊花纹，其上下各饰一圈连弧状的简化仰覆莲纹”。可见这件白釉画花上花卉纹实际上充满了对称的因子，肩部一圈的缠枝菊花纹分为6组，这本身就是一种对称，上下连弧状的简化仰覆莲纹其实也是一种对称，看来这件白釉黑彩瓷瓶上的图案存在着两个大组的对称，实际上整个画面就是在对称思想的指导下形成的，也就是说只要有了对称，再复杂的纹饰也会变得简单，因为它可以层层分解（图6-7）。当然这还是一个比较简单的白釉画花纹饰，复杂的纹饰有些可能不会轻易地被我们清楚层次和对称的关系，但是我们知道几乎所有的白釉画花瓷器都是讲究对称的。

▲图6-7　层次分明的白釉画花瓷器劲草纹　宋代

▲图6-8　层次分明的白釉画花瓷器花卉纹　宋代

3、构图合理

虽然白釉画花瓷器是民窑，但在纹饰构图合理性上还是达到了一定的高度，无论是马戏图还是婴嬉图、钓鱼图等画面，在构图上不符合常理的情况几乎不见，都是犹如现实生活中发生过的事情的再现，充满着人性化特征；也有见龙纹，但突出的已不再是龙的狰狞，而是张口怒目，腾空而起，着重表现的是龙矫健的身姿，目标很明确，构图疏朗，云雾和龙的主辅纹关系通常十分明确，构图合理性很强。总之白釉画花瓷器在构图上层次分明，构图合理（图6-8），很少见有主辅纹关系不是很清楚的现象。

线条

白釉画花瓷器纹饰在线条上具有鲜明的特征，但也呈现出多样化的特点，主要有以下几个特点：

一、线条流畅

二、刚劲有力

三、粗犷豪放

第一点流畅性的特征是白釉画花瓷器线条的基本特征，基本上所有的白釉画花瓷器在线条上都是宛如行云流水，流畅自若，线条不畅的情况很少见，这一点上贯穿于整个白釉画花瓷器的始终。从精致程度上看流畅性的特征模糊，无论精致、普通还是粗糙的白釉画花瓷器在线条上都是相当流畅。在时代和窑口上也是这样，没有说哪个时代和窑口的白釉画花瓷器在线条上特别拘谨,流畅性通常都比较好(图6-9）。

第二点几乎所有的白釉画花瓷器在线条上都是刚劲有力，看起来非常的苍劲，几乎不见软绵绵的线条出现，这说明白釉画花瓷器虽然不是以纹饰取胜，但凡是有纹饰的白釉画花瓷器反而是更加认真地对待。在时代上白釉画花瓷器不同时代的纹饰在线条刚劲程度上略有差别，线条刚劲程度最好的时代应该是宋代（图 6-10），而其他元代虽然刚劲但略显粗放。在精致程度上，不同精致程度的白釉画花瓷器与其纹饰的刚劲程度有着一定的关系，但白釉画花瓷器由于精致和粗糙的瓷器都比较少，所以在这一点上的表现还不是很鲜明。鉴定时注意分辨。

第三点为白釉画花瓷器最为典型的特征了，就是说几乎所有的白釉画花瓷器在纹饰线条上都是异常的粗犷豪放，这一点看了白釉画花瓷器的所有人都深有感触，因为白釉画花瓷器线条的粗犷非常的明显，线条似乎不受到任何约束，如江河之水缓缓向前奔流（图 6-11），其豪放的程度令人性情快意，这显然与白釉画花民窑风格密切关联，正是作为一个深度民窑的产品，白釉画花瓷器才大胆地将老百姓渴望自由自在生活的思想宣泄的如此淋漓尽致。从时代和窑口上看，白釉画花瓷器纹饰在粗犷豪放这一特征上较具有均衡性特征，各个时代和窑口都比较相似。鉴定时注意分辨。

▲图 6-9　流畅自若的白釉画花瓷器弦纹　明代

▲图 6-10　线条刚劲的白釉画花瓷器花卉纹　宋代

▲图 6-11　线条豪放的白釉画花瓷器劲草纹　宋代

饰纹方法

▲图 6-12　具有绘画风格的白釉画花瓷器花卉纹　明代

白釉画花瓷器在装饰纹饰方法上完全突破了传统的以刻划花为主的技术，主要是在白色的化妆土上，像宣纸一样用毛笔作画、写诗，记录下人们生活当中的人和事，如马戏、钓鱼、童年的欢乐等，之后罩上一层透明釉，一次烧造而成，实际这是最早大规模将中国传统的绘画技术，或者说是将诗、书、画艺术完美地融合在一起。这在白釉画花瓷器出现的北宋时期是一个伟大的创举，而这一创举的重任之所以能够落在磁州窑白釉画花瓷器之上有着深刻的社会背景渊源，核心内容主要是因为白釉画花瓷器为深度民窑产品，它本身不受任何束缚，所受传统的影响最小，怎样能够节约成本，老百姓喜欢什么样的产品就烧造什么，这些内容在白釉画花瓷器之上毫无掩饰，被表现得淋漓尽致，来源于生活中的纹饰图案最受人们欢迎，于是马戏、钓鱼等极富民间生活气息的图案出现了，而这些图案如果使用传统的刻划纹来表现，一个是效果不好，另外一个即使能够表现出来，工序繁杂，可能成本就是一个大的问题，而用笔直接在白色的化妆土上绘画，显然是最简单和可行的，而且实践的效果还是非常的不错，成本又低，于是白釉画花瓷器毫不犹豫地选择了这一饰纹方法，而且一直未曾改变（图 6-12），在宋代产生后直至明清都是这样。从具体饰纹方法上看，白釉画花瓷器实际上与后来的青花瓷有着异曲同工之妙，主要以笔触的轻重程度来表现线条的浓淡层次，而用浓淡层次的变化将自己的所思所想宣泄在白釉画花瓷器之上，在这一点上白釉画花瓷器几乎不受时代和窑口的限制，几乎所有的线条都有浓淡层次的变化，有的变化是微弱的，而有的则是的比较明显，一般浓黑者变化比较小，而浅淡者变化比较大。由此可见，从饰纹方法上看，白釉画花瓷器显然是后来青花瓷的祖型，区别只是青花瓷上的钴料更漂亮，更有利于浓淡程度的表现，更有利于宣泄人们的思想，而不像白釉画花瓷器，一切都显得是那样的讲究成本，民窑特征那样的显著。鉴定时注意分辨。

饰纹部位

白釉画花瓷器在饰纹部位上特征比较明确，在宏观上显然可以分为通体饰纹和局部饰纹两种。我们先来看通体饰纹的情况，通体饰纹的白釉画花瓷器十分罕见，几乎可以忽略不计。主要以局部饰纹的情况为主，在数量上占到白釉画花瓷器饰纹特征的绝大多数，饰纹部分非常多，如口、唇、沿、肩部、腹部、足部、底部、画面内、花之间、系之间饰纹、铺首之间饰纹等，都有可能饰纹，但一般情况下白釉画花瓷器局部饰纹与造型有着密切的关系，如白釉画花瓶只在外壁装饰纹饰，因为在内壁装饰纹饰是没有意义的，而像白釉画花瓷枕一般都是在枕面装饰纹饰，有的也在枕的四壁装饰，但这种情况比较少，底部无纹，这种情况很容易理解，因为作为实用的枕，底部是人们视线所观察不到的，所以饰纹也就没有意义。这两个例子比较典型，实际上它所折射出来的道理就是白釉画花瓷器在饰纹上受到诸多情况的制约（图 6-13），如造型、功能、视线观测等诸多因素的影响，而且这些因素之间是一个联动的过程，而不是单一的影响。从时代和窑口上看，各个时代和窑口基本上都遵循着一个特征。鉴定时要注意这种规律化的特征。

▲图 6-13　内壁口沿饰纹的白釉画花瓷器标本　明代

功能

白釉画花瓷器在纹饰上具有鲜明的功能性特征，无疑装白釉画花瓷器在饰纹上显现出的是装饰，以求达到良好的视觉效果，提升白釉画花瓷器在市场上综合的竞争能力，由此可见，白釉画花瓷器的装饰性功能是有前提和限定的，这个限定就是在不影响实用的前提下，或者说是与实用能够形成互动情况下进行，当然这与白釉画花瓷器主要在民间窑场有关，在“生存第一”的前提下（图 6-14），一切为了销售和迎合人们的需求，所以在这一思想的指导下，白釉画花瓷器在纹饰上基本秉承了服务销售的基本特征，在图案上白釉画花瓷器从生活中提炼元素，将人们喜闻乐见的各种题材搬上画面，以迎合人们消费心理，博得人们的青睐，如游动的鱼，不但好看，而且还具有美好的寓意，象征 “年年有鱼”，孩童在瓷枕上的嬉戏，使人们回忆起美好的童年，和想起可爱的孙儿，试想这样的产品怎能不令人喜欢，这显然是白釉画花瓷器流行的根本原因。另外，白釉画花瓷器之上大量诗词画意，警句、谚语等，给人们思想以启迪，具有很强的教化功能。综上所述，白釉画花瓷器在功能上特征十分明确，将装饰、美好寓意、教化、娱乐等诸多功能集于一身，担当着调节古代劳动人民单调生活的重任。不同时代和窑口的白釉画花瓷器在功能上特征基本相似，具有均衡性的特征。

▲图 6-14　白釉画花瓷碗　明代

第七章 价值判断与收藏保养

背景信息：历经千年之久的白釉画花瓷器具有较高的研究、艺术、经济价值，这一点不可置疑（图 7-1）。这三个方面的价值互为评判的基础，相互支撑，密不可分。在现代社会仍然发挥着重要的作用。

▲图 7-1　白釉画花瓷瓶　辽代

鉴定要点：

研究价值

白釉画花瓷器无疑都具有较高的研究价值，白釉画花上集合了大量的纹饰图案，作为一个深度的民间窑场生产的瓷器，白釉画花瓷器为了迎合民间需要，在纹饰题材上大量选取了来自于生活中的素材，如鸭、放鹌鹑、婴童嬉戏、人物故事、逗鸟、龙凤、大雁南飞、云雁、扑蝶、蔓草、野塘芦鸭、骑竹马、抽陀螺、龙纹、钓鱼、各种花卉等，可谓是无所不包，无所不有，反映的是人们在不同时代现实生活中的点点滴滴，蕴涵着不同时期大量的历史信息，具有史实的功能（图 7-2）；使我们通过白釉画花瓷器就可以了解到已经逝去时代，并复原那些已经逝去，但至今仍然令我们心驰神往的时代。另外，白釉画花瓷器自身烧造工艺等诸多信息，而揭示这些信息无疑对现代文明是一个巨大的促进，这意味着我们的现代文明不是原点起步，而是站在巨人的肩上继续前行，是一个延续的过程，如白釉画花瓷器众多的纹饰技法，这对于当今美术有着重要的研究价值。另外对于白釉画花瓷器釉质、胎质、造型等诸多特征的研究，最直接的用处就是会衍生出诸多鉴定依据，从而帮助人们对于留存到今天的白釉画花

▲图 7-2　生活气息浓郁的白釉画花瓷器　宋代

▲图 7-3　白釉画花瓷器标本　宋代

瓷器断定时代、辨别真伪、判定价值。在数量上，由于白釉画花瓷器是在历史上为人们日常生活用品，是不同时代每一个人都在使用着的产品，所以在总量上特别大，对这些海量的信息进行分析，必将帮助我们认识历史，展望未来，具有重要意义，有着不可替代的作用，具有很高的研究价值（图 7-3）。总之，白釉画花瓷器的研究对于诸多学科都有直接的价值，如美学、美术、哲学、历史学、考古、文物学、人类学、博物馆学、材料学等。

艺术价值

白釉画花瓷器在艺术上的成就相当高，艺术价值是白釉画花瓷器与生俱来显著的特征，白釉画花瓷器之上众多的纹饰、诗词，都具有浓郁的民间生活气息，真正是来源于生活的艺术，有着深刻的生活底蕴，而这些都将给历代的艺术家们提供源源不断的艺术灵感，就如同今天我们在欣赏这些精美绝伦的白釉画花艺术品时，所带给我们的是无限的感慨和灵感，由此可见，对于白釉画花瓷器的研究具有相当现实的意义（图 7-4）。当然白釉画花瓷器的艺术价值也较为复杂，下面我们具体来看一下：

▲图 7-4　精美绝伦的白釉画花瓷器　宋代

1、造型

白釉画花瓷器在艺术价值上最先呈现给人们的就是它的造型艺术，在造型上白釉画花瓷器倾尽所能，力求将自身的造型打造的尽善尽美，显然白釉画花瓷器是成功了，其造型朴实大方，讲究是淡雅和简洁之美，从发掘中我们可以看到并没有过于繁复和矫揉造作的造型，将简洁做到极致，我们随意来看一件江苏南京市戚家山明墓发掘的器物“白釉黑彩瓷瓶 2 件。大小、形制完全相同。小口，翻唇，圆肩，弧腹内收，平底略外撇。”从这个例子中我们可以看到两个白釉画花瓷器在造型上的重要特征，一是白釉画花瓷瓶在造型上非常简洁，整体造型没有附件，简略到了不能再简练的程度。二是雷同性，如上例中的白釉黑彩瓷瓶在造型上两件在大小和形制上完全是相同的，这一点可见白釉画花瓷器商业气氛特别浓厚，因为只有商品才讲究程式化和规模化的生产。三是纹饰图案结合紧密，这件的器皿之上装饰着繁缛的花卉纹，实际上这是点睛之笔，因为如果不是线条流畅，来自于民间人们喜闻乐见的白釉画花纹饰的装饰，那么这就是一件非常普通的瓷瓶，但一经纹饰和造型完美的结合，白釉画花瓷器在造型上便会容光焕发，美不胜收，这显然是白釉画花瓷器在造型上艺术上的一大特点。当然白釉画花瓷器也有比较复杂的一些造型，以枕较为典型，如有八角、如意、银锭等形状瓷枕，与枕面美丽图案相融合，真的是巧夺天工，具有较高的艺术成就。从时代和窑口上看，白釉画花瓷器在不同时代和窑口内对其艺术性继承十分稳定(图7-5) 。鉴定时应注意分辨。

▲图 7-5　造型隽永的白釉画花瓷器碗　明代

2、釉质

白釉画花瓷器并非以“釉质取胜”，在釉质上白釉画花瓷器只是罩一层透明釉，目的只是为了达到可以使人们的视线毫无障碍地观测到白釉画花的图案，所以白釉画花的瓷器釉质不但薄而且稀，稀薄到了不能再稀薄的程度，这样的釉质还有另外一个重要的功能就是节约成本，不过白釉画花瓷器由于民窑的性质，在釉质上实际达不到透明釉的标准，许多釉色实际上还是传统的白釉，如雪白、灰白、黄白等在实践中都有见，只不过是釉质稀薄到了相当的程度，总的来看白釉画花瓷器在釉质上不是太好，但意义重大，可以说是大规模开创透明釉之先河，为以后青花瓷等瓷器流行积累了经验，奠定了基础。并具有一定的艺术价值。

3、纹饰

白釉画花瓷器纹饰犹如一个艺术的宝库，取之不尽，用之不竭，白釉画花瓷器一改传统特别重视纹饰，将诗书画合并引入白釉画花瓷器之上，其艺术价值不可低估，白釉画花瓷器自北宋代开始尝试以纹为主，从此一发不可收拾，贯穿其生命始终（图 7-6）。目的显然是为了让白釉画花瓷器更加完美，所能表达的寓意更加深刻，和更有生活底蕴，白釉画花瓷器在装饰手法上主要以绘画为主，朴实无华，将人们在生活中的喜闻乐见概括付于笔端，题材丰富，如花鸟、虫鱼、草叶、马戏、动物、婴戏等，构图以简洁为主，寥寥几笔勾画而成，十分生动，极为讲究对称，层次分明，构图合理，线条流畅，刚劲有力，粗犷豪放，大量的白釉画花瓷器之上诗词画意，警句、谚语，给人们以无限的启迪，这些寓意无疑增加了白釉画花瓷器的艺术成分，使其整体所能表达的内涵更加悠远和绵长。因此白釉画花瓷器在任何时代对于艺术的贡献和影响必将是深远的，无疑对于我们今天也具有重要的现实意义。

▲图 7-6　朴实无华白釉画花瓷器标本　宋代

经济价值

白釉画花瓷器虽说是民窑之器，在当时生产量很大，但其依然具有较高的经济价值，它的经济价值来源于其研究价值和艺术价值，并由其决定。它们之间的关系是相辅相成，研究价值高的白釉画花瓷器艺术价值高，艺术价值好的白釉画花瓷器自然也具有较高的经济价值，而研究价值和艺术价值俱佳的白釉画花瓷器经济价值则必然具有非常高的经济价值，反之则亦然，整体来看显然呈正比。然而这只是理论上的价值，在现实生活中这种价值体现有时表现的并不是那么如意，而且时常还会出现一些倒过来的情况，因为白釉画花瓷器的价值除了一般性规律之外，还有受到诸多因素的影响，我们来看一下：

1、品相

白釉画花瓷器在品相上不是太好，有两个原因，一是深度民窑产品，是老百姓每天都在使用的产品，所以磕碰痕迹等常见（图 7-7），残损的也比较严重。二是在漫长的岁月长河之中残损的，一般情况下一旦有残损都会比较严重，很多情况下都碎成了碎片。这两种情况导致白釉画花瓷器在品相上整体不太好，品相好的白釉画花瓷器比较少见，但也正是因为如此，这样的白釉画花瓷器应了行当里的一句老话“物以稀为贵”，由此造成了品相好的白釉画花瓷器在经济价值上特别高。

▲图 7-7　品相一般的白釉画花瓷器碗　明代

▲图 7-8　普通白釉画花瓷碗（背面）　明代

2、精致程度

白釉画花瓷器从整体上看显然可以划分为精致、普通、粗糙三个等级（图 7-8），但这只是理论上的，从发掘的情况来看，白釉画花瓷器作为一个深度的民窑产品，过于精致的瓷器很少见，同样粗糙的瓷器也很少见，多数是普通的白釉画花瓷器，这样就造成了白釉画花瓷器在精致程度上不明显的特征，由此也奠定了特别精致的白釉画花瓷器在精致价值上极高的现状；同时也决定了普通的白釉画花瓷器经济价值平稳，处于一个价格界限很难突破的状况；原因是这类器物在数量上太多了，不过这种白釉画花瓷器适合初级收藏者收藏，优点是价格便宜，具有一定的升值空间。如宋代磁州窑精致白釉画花瓷器研究价值、艺术价值俱佳，而且相比普通和粗糙白釉画花瓷器数量又要少一些，因此占尽了天时、地利、人和，所以其拍卖的价格往往都是天价。粗糙瓷器在市场上目前价格偏低，原因是研究价值和艺术价值都不是很高，而且多存在一定的缺陷。这些在鉴定时我们要注意分辨。

3、残件

白釉画花瓷器在漫长的历史长河中经历了太多的磨难，实际上留存到今天大量的都是残件，特别是城址或者窑址之上散落的是成千上万的残件，这些残件残损的程度不同，但多数碎为片状（图 7-9），那么这些残件究竟有无经济价值呢？从理论上讲当然应该有，因为毕竟残件还具有一定的研究和艺术价值，但由于物以稀为贵的经济杠杆的限制，其经济价值很有限，在很长的一段时间里显然是没有经济价值，或者是经济价值很低，但随着人们对白釉画花瓷器认识的加深，随着近些年来完整白釉画花瓷器拍卖的终结化趋势，残瓷被推到了前台，有一些拍卖行已经开始拍卖一些珍贵的残瓷，由此可见，白釉画花瓷器残件也是有经济价值的。但显然不是堆积如山的白釉画花残片都有经济价值，主要以精致白釉画花瓷器的残件为显著特征，原因很明了因为白釉画花瓷器精致者很少见，根据“物以稀为贵”的杠杆自然就贵重，事实的确是如此，有的精致白釉画花瓷器的残片价格可能就要十几万，甚至比有的普通完整器还要贵一些，就是这个道理。但是精致白釉画花瓷器的残件确认是有一定难度的。我们在收藏的时候要注意分辨（图 7-10）。由此可见，残件白釉画花瓷器的收藏有时候风险可能会更大。

▲图 7-9　碎为片状的白釉画花瓷碗　宋代

▲图 7-10　白釉画花瓷器标本　金代

收藏保养

白釉画花瓷器由于是民窑之器，在不同历史时期的实用已使其多有残损，又在墓葬的潮湿或者遗址的风雨中度过了漫长岁月，所以当您收藏到一件满意的白釉画花瓷器之后，一定会特别注意到对它的保养，原因很简单，在历经千年之久之后白釉画花瓷器已是十分脆弱，不堪再受到任何伤害（图 7-11），有时一个小小的伤害就有可能使其开裂，随意清洗会使其黑彩褪去，虽然瓷器在自身保养上具有很多先天优势，如硬度大、不吸水等特点，在各类收藏品当中属于容易保养的一大类别，但白釉画花瓷器与其他瓷器，如青瓷和白瓷、青花瓷等又有所不同，主要原因是釉质过于稀薄，又是民窑之器，所以就很容易受到伤害，不再有收藏价值，这一点听起来像是天方夜谭，但在现实中很多收藏者都遇到过这样的事情，所以对白釉画花瓷器的保养，是每一个收藏者都要特别重视的。下面具体来看一下：

▲图 7-11　白釉画花瓷罐　辽代

1、防止磕碰

轻拿轻放，切勿敷衍，不要随意去触摸白釉画花瓷器，如博物馆中的很多藏品放在库房或者展柜当中一年、二年、甚至十年不动的情况都有，随意的搬动白釉画花瓷器是收藏保养的大忌。

2、注意清洗

通常人们在收藏到的白釉画花瓷器后第一步可能就是清洗，一则是上面有泥土。二是由于人们卫生的习惯所致，收藏者往往认为上面可能存在细菌，不利于把玩和陈设于厅堂之上（图 7-12）。但清洗

▲图 7-12　白釉画花瓷器标本　宋代

对于白釉画花瓷器而言其实是一个非常危险的过程，因为这些历经千年之久的瓷器有的时候透明釉有开裂的情况，这样水就很容易渗透到化妆土的表面，所以在清洗的时候有的收藏者就会清洗掉白釉画花瓷器一大块，从而是吓了一大跳，但此时为时已晚，所以本书建议不是专业的收藏者，如果没有把握，最好不要自己清洗白釉画花瓷器，而是应该请专业的人士来进行清洗。另外，平时要注意白釉画花瓷器上面保持干燥，如果有水雾或者是少量的水，应立即用酒精棉球擦干。

3、擦拭与剔蚀

白釉画花瓷器的平时保养也就是擦拭表面的浮尘，这是不可避免的，通常人们多用抹布进行擦拭，这对于青瓷、白瓷等釉面比较厚的瓷器来讲是可以的，但是对于白釉画花瓷器而言非常危险，因为如果不小心就会伤害到釉面，一般用鸡毛掸子轻弹就可以了，但即使这样也要极小心，交给一个没有使用鸡毛掸子经验的人来做这项工作是很危险的，不然很容易出问题，所以一定要专人保管。再者对于白釉画花上的土蚀也不要随意地剔除，千万不要对白釉画花瓷器釉面上的土锈及疤痕用指甲扣、搓等，以避免伤害到的您的白釉画花瓷器，如果有未清洗掉的土蚀，看起来不严重，确有把握的可用牛角刀试探性剔除，一旦不行，就要找专业修复文物人士进行处理，千万不强行械强剔除，以免伤及釉面。

4、相对温度

通常白釉画花瓷器在相对温度上的要求与普通瓷器类似，因为其烧造温度比较高，可以抵抗较高的温度，但由于经历了太多的岁月沧桑，所以在其相对温度上一般要求不要高于 45 摄氏度（图 7-13），最高温度不要超出 55 摄氏度。再者如果是热熔胶等修复过的器皿，会因为温度过高而融化，胎体就会有分散脱离的危险。

5、相对湿度

白釉画花瓷器尤其要注意控制好相对湿度，这是很自然的现象，一般应该控制在 50% 左右，不能过高或者过低，举个例子，如果相对湿度过大，如果白釉画

▲图 7-13　白釉画花瓷碗（背面）　明代

花瓷器的胎体曾经受到过损伤，比如说有裂缝，水就会顺着裂缝流进去，一旦温度控制不好，或者是突然下降到冰点以下，凝结成的冰就会产生巨大张力，导致胎体进一步开裂。

关于白釉画花瓷器收藏保养的知识很多，如何选择是本书左右为难的，最终本书还是选择了与收藏者紧密相关的，其目的是让一个从未有过瓷器保养经验的收藏者，能够了解到一些基本和必须要知道的知识，以确保自己经过努力收藏得到的白釉画花瓷器不致由于无知受到伤害，过于专业的在这里就不再赘述。总之收藏者对于白釉画花瓷器的保养要重视，千万不要使这些精美绝伦的白釉画花瓷器受到伤害，因为这些历久犹新的白釉画花瓷器能够继续穿越寂寥时空，今日呈现在我们面前，真的是太不容易了。

主要参考文献：

1、黑龙江省博物馆田华、胡秀杰、李桂芹、贾凤致、王秀文《黑龙江哈尔滨市郊发现元代瓷器窖藏》《考古》，1999 年 5 期。

2、南京市博物馆、雨花台区文化局《江苏南京市戚家山明墓发掘简报》《考古》，1999 年 10 期。

3、姚江波：《瓷器鉴赏收藏手册》，中国轻工业出版社，2009 年 5 月，第一版。

4、临沂市博物馆邱播、苏建军《山东临沂市药材站发现两座唐墓》《考古》，2003 年 9 期。

5、姚江波：《中国古代瓷器鉴定》，湖南美术出版社，2009 年 4 月第一版。